A condição pós-moderna

Jean-François Lyotard

A condição pós-moderna

Tradução
Ricardo Corrêa Barbosa

Prefácio
Wilmar do Valle Barbosa

Posfácio
Silviano Santiago

21ª edição

Rio de Janeiro, 2025

Título do original francês:
La condition postmoderne

© Les Éditions de Minuit, 1979

Este livro foi revisado segundo o novo Acordo Ortográfico da Língua Portuguesa.

Todos os direitos reservados. Proibida a reprodução, armazenamento ou transmissão de partes deste livro, através de quaisquer meios, sem prévia autorização por escrito.

Reservam-se os direitos desta tradução à
EDITORA JOSÉ OLYMPIO LTDA.
Rua Argentina, 171 – 3º andar – São Cristóvão
20921-380 – Rio de Janeiro, RJ
Tel.: (21) 2585-2000.

Seja um leitor preferencial Record.
Cadastre-se no site www.record.com.br
e receba informações sobre nossos lançamentos e promoções.

ISBN 978-65-5847-022-9

Impresso no Brasil

2025

CIP-BRASIL. CATALOGAÇÃO NA PUBLICAÇÃO
SINDICATO NACIONAL DOS EDITORES DE LIVROS, RJ

L997c
21. ed.

Lyotard, Jean-François
 A condição pós-moderna / Jean-François Lyotard ; tradução Ricardo Corrêa Barbosa. – 21. ed. – Rio de Janeiro: José Olympio , 2025.

 Tradução de: La condition postmoderne
 ISBN 978-65-5847-022-9

 1. Teoria do conhecimento. 2. Civilização moderna – Séc. XX. 3. Pós-modernismo. I. Barbosa, Ricardo Corrêa. II. Título.

21-69529
 CDD: 121
 CDU: 165

Meri Gleice Rodrigues de Souza – Bibliotecária – CRB-7/6439

Sumário

Nota da editora	7
Prefácio: Tempos pós-modernos — Wilmar do Valle Barbosa	9
Introdução	17
1. O campo: o saber nas sociedades informatizadas	21
2. O problema: a legitimação	31
3. O método: os jogos de linguagem	35
4. A natureza do vínculo social: a alternativa moderna	41
5. A natureza do vínculo social: a perspectiva pós-moderna	49
6. Pragmática do saber narrativo	59
7. Pragmática do saber científico	69
8. A função narrativa e a legitimação do saber	77
9. Os relatos da legitimação do saber	85
10. A deslegitimação	97
11. A pesquisa e sua legitimação pelo desempenho	107
12. O ensino e sua legitimação pelo desempenho	121
13. A ciência pós-moderna como pesquisa de instabilidade	135
14. A legitimação pela paralogia	149
Posfácio: A explosiva exteriorização do saber — Silviano Santiago	165

Nota da editora

Editado pela primeira vez no Brasil, por esta Casa, em 1986, este livro recebeu o título de *O pós-moderno*, até sua quarta edição. Em 1998, procuramos resgatar seu título original: *A condição pós-moderna*, por representar mais fielmente as ideias do autor.

À edição de 1986, que continha o prefácio de Wilmar do Valle Barbosa, adicionamos um posfácio, assinado pelo crítico Silviano Santiago, que assinala a importância do pensamento de um dos filósofos mais combativos do nosso século, morto, aos 73 anos, em 22 de abril de 1998.

Prefácio
Tempos pós-modernos

Wilmar do Valle Barbosa

A verdade é que a ciência favoreceu a ideia de uma força intelectual rude e sóbria que torna francamente insuportável todas as velhas representações metafísicas e morais da raça humana.

Robert Musil, *O homem sem qualidades*, I

Com o início, por volta dos anos 1950, da chamada "era pós-industrial", assistimos a modificações substantivas nos estatutos da ciência e da universidade. O mais importante nesse processo de modificação, cuja origem encontra-se na "crise da ciência" (e da verdade) ocorrida nos últimos decênios do século XIX, não foi apenas a eventual substituição de uma "má" concepção da ciência (a empirista, por exemplo) por outra qualquer. O que de fato vem desde então ocorrendo é uma modificação na natureza mesma da ciência (e da universidade) provocada pelo impacto das transformações tecnológicas sobre o saber. A consequência mais imediata desse novo cenário foi tornar ineficaz o quadro teórico proporcionado pelo filósofo (leia-se: metafísico) moderno que, como sabemos, elegeu como sua questão a problemática do conhecimento, secundarizando as questões ontológicas em face das gnoseológicas. Mas, ao proceder dessa maneira, fez da filosofia um metadiscurso de legitimação da própria ciência. A modernidade do quadro teórico em questão encontra-se exatamente no fato de conter certos *récits* aos quais a ciência moderna teve que recorrer para legitimar-se como saber: dialética do espírito, emancipação do sujeito razoável ou do trabalhador, crescimento da riqueza e outros. Desde o momento em que se invalidou o enquadramento metafísico da ciência moderna, vem ocorrendo não apenas a crise de conceitos caros ao pensamento moderno, tais como "razão", "sujeito", "totalidade", "verdade", "progresso". Constatamos que ao lado dessa crise opera-se sobretudo a busca de novos enquadramentos teóricos ("aumento da potência", "eficácia", "optimização das *performances* do sistema") legitimadores da produção científico-tecnológica numa era que se quer pós-industrial. O pós-moderno, como condição da cultura nesta era, caracteriza-se exatamente pela incredulidade perante o metadiscurso filosófico-metafísico, com suas pretensões atemporais e universalizantes.

O cenário pós-moderno é essencialmente cibernético-informático e informacional. Nele, expandem-se cada vez mais os estudos e as pesquisas sobre a linguagem, com o objetivo de conhecer a mecânica da sua produção e de estabelecer compatibilidades entre linguagem e máquina informática. Incrementam-se também os estudos sobre a "inteligência artificial" e o esforço sistemático no sentido de conhecer a estrutura e o funcionamento do cérebro bem como o mecanismo da vida. Neste cenário, predominam os esforços (científicos, tecnológicos e *políticos*) no sentido de *informatizar* a sociedade. Se, por um lado, o avanço e a cotidianização da tecnologia informática já nos impõem sérias reflexões,[1] por outro lado, seu impacto sobre a ciência vem se revelando considerável.

A ciência, para o filósofo moderno, herdeiro do Iluminismo, era vista como algo autorreferente, ou seja, existia e se renovava incessantemente com base em si mesma. Em outras palavras, era vista como atividade "nobre", "desinteressada", sem finalidade preestabelecida, sendo que sua função primordial era romper com o mundo das "trevas", mundo do senso comum e das crenças tradicionais, contribuindo assim para o desenvolvimento moral e espiritual da nação.

Nesse contexto, a ciência não era sequer vista como "valor de uso" e o idealismo alemão pôde então concebê-la como fundada em um metaprincípio filosófico (a "vida divina", de Fichte, ou a "vida do espíritu", de Hegel) que, por sua vez, permitiu concebê--la desvinculada do Estado, da sociedade e do capital, e fundar sua legitimidade em si mesma.

"Nação" e "ciência" caminharam juntas, por exemplo, na avaliação humboldtiana, de sabor humanístico-liberal, e que esteve na base da criação da Universidade de Berlim (1807-10), modelo para muitas organizações universitárias nos meados do século XX.

No entanto, o cenário pós-moderno, com sua "vocação" informática e informacional, "investe" sobre esta concepção do saber científico. Como muito bem notou Alfred N. Whitehead, o século XX vem sendo o palco de uma descoberta fundamental. Descobriu-se que a *fonte* de todas as fontes chama-se *informação* e que a ciência — assim como qualquer modalidade de conhecimento — nada mais é do que um *certo* modo de organizar, estocar e distribuir *certas* informações. Longe, portanto, de continuar tratando a ciência como fundada na "vida do espírito" ou na "vida divina"; o cenário pós-moderno começa a vê-la como um conjunto de mensagens possível de ser traduzido em "quantidade (*bits*) de informação". Ora, se as máquinas informáticas justamente operam traduzindo as mensagens em *bits* de informação, só será "conhecimento científico" certo tipo de informação traduzível na linguagem que essas máquinas utilizam ou então compatível com ela. O que se impõe com o tratamento informático da "mensagem" científica é, na verdade, uma concepção operacional da ciência. Nesse contexto, a pesquisa científica passa a ser condicionada pelas possibilidades técnicas da máquina informática, e o que escapa ou transcende tais possibilidades tende a não ser operacional, já que não pode ser traduzido em *bits*. Assim sendo, a atividade científica deixa de ser aquela *práxis* que, segundo a avaliação humanístico-liberal, especulativa, investia a formação do "espírito", do "sujeito razoável", da "pessoa humana" e até mesmo da "humanidade". Com ela, o que vem se impondo é a concepção da ciência como tecnologia intelectual, ou seja, como valor de troca e, por isso mesmo, desvinculada do produtor (cientista) e do consumidor. Uma prática submetida ao capital e ao Estado, atuando como essa particular mercadoria chamada força de produção.

Esse processo, fruto da corrosão dos dispositivos modernos de explicação da ciência, é muito apropriadamente designado por Lyotard pela expressão "deslegitimação". No entanto, ele não se dá apenas em função da corrosão do "dispositivo especulativo" (Idealismo alemão, Hegel) ou do "dispositivo de emancipação" (Iluminismo, Kant, Marx). Essa corrosão (que Nietzsche entendeu ser uma das raízes do "Niilismo europeu"), muito bem captada em narrativas como *Pais e filhos* (Ivan Turguêniev), *O homem sem qualidades* (Robert Musil) e *Sonâmbulos* (Hermann Broch), fez surgir novas linguagens que escapam às determinações teóricas dos dispositivos modernos e aceleram sua própria deslegitimação. Da segunda lei da termodinâmica à teoria da catástrofe, de René Thom; do simbolismo químico às lógicas não denotativas; da teoria dos *quanta* à física pós-quântica; do uso do paradigma cibernético-informático no estudo do código genético ao ressurgimento da cosmologia de observação; da crise da *Weltanschauung* newtoniana à recuperação da noção de "acontecimento", "acaso"[2] na física, na biologia, na história, o que temos é a crise de uma noção central nos dispositivos de legitimação e no imaginário modernos: a noção de ordem. E com ela assistimos à rediscussão da noção de "desordem",[3] o que por sua vez torna impossível submeter todos os discursos (ou jogos de linguagens) à autoridade de um metadiscurso que se pretende a síntese do significante, do significado e da própria significação, isto é, universal e consistente.

Por isso mesmo é que as delimitações clássicas dos campos científicos entram em crise, se desordenam. Desaparecem disciplinas, outras surgem da fusão de antigas; as velhas faculdades dão lugar aos institutos de ensino e/ou pesquisa financiados pela iniciativa privada, pelo poder público ou por ambos. A universidade, por sua vez, como produtora de ciência, torna-se uma instituição sempre mais importante no cálculo estratégico-político dos Estados atuais. Se a Revolução Industrial nos mostrou que sem riqueza não se tem tecnologia ou mesmo ciência, a condição pós-moderna nos vem mostrando que sem saber científico e técnico não se tem riqueza. Mais do que isto: mostra-nos, através da concentração massiva, nos países ditos pós-industriais, de bancos de dados sobre todos os saberes hoje disponíveis, que a competição econômico-política entre as nações se dará daqui para a frente não mais em função primordial da tonelagem anual de matéria-prima ou de manufaturados que possam eventualmente produzir. Irá se dar, sim, em função da quantidade de informação técnico-científica que suas universidades e centros de pesquisa forem capazes de produzir, estocar e fazer circular como mercadoria.

O contexto da deslegitimação pós-moderna não pode, evidentemente, passar sem um dispositivo de legitimação. "A administração da prova", escreve Lyotard, "que em princípio não é senão uma parte da argumentação destinada a obter o consentimento dos destinatários da mensagem científica, passa assim a ser controlada por um outro jogo de linguagem em que o que está em questão não é a verdade mas o desempenho, ou seja, a melhor relação *input/output*" (p. 113). Como novo dispositivo de legitimação, o critério do desempenho impõe não apenas o abandono do discurso humanista-liberal por parte do Estado, do capital ou mesmo da universidade. Na medida em que seu objetivo é aumentar a eficácia, dá primazia à questão do erro: o importante agora não é afirmar a verdade, mas sim localizar o erro no sentido de aumentar a eficácia, ou melhor, a potência. Nessas circunstâncias, a universidade, o ensino e a pesquisa adquirem novas dimensões: formam-se pesquisadores ou profissionais, investe-se na pesquisa e na sua infraestrutura não mais com o objetivo de preparar indivíduos eventualmente aptos a levar a nação à sua "verdade", mas sim formar competências capazes de saturar as funções necessárias ao bom desempenho da dinâmica institucional.

Após essas considerações, parece-nos razoável dizer que o texto de Lyotard contém, implícita, uma observação que reputamos fundamental: o contexto pós-moderno tende a eliminar as diferenças epistemológicas significativas entre os procedimentos científicos e os procedimentos políticos. A retomada pós-moderna dessa postura baconiana nos coloca em uma via não cartesiana, não kantiana, desde o momento em que, contrariamente ao pensado pelos dispositivos modernos de legitimação, parte do pressuposto de que "verdade" e "poder" *não podem ser separados*. A ideia baconiana de que o conhecimento é o poder parece, sem dúvida, animar a construção do dispositivo pós-moderno de legitimação. No entanto, é preciso notar que, para Bacon, pensar dessa maneira constituía um modo de tentar abolir a oposição entre "técnica" e "emancipação" sem o abandono desta. O filósofo inglês era do parecer de que a construção de um "novo mundo" era objetivo fundamental e que só pela via de um conhecimento que deixasse de ser concebido como contemplação/designação de uma "ordem eterna", perfeita, divina e transistórica, poderíamos construir uma comunidade livre de "ídolos". A problemática do "novo mundo", no entanto, parece não seduzir o filósofo pós-moderno, avesso às filosofias da subjetividade e aos metadiscursos de emancipação. Preocupado com o presente e com o reforço do critério de desempenho — critério tecnológico — visando com isso ao reforço da "realidade" e o aumento das chances de se ter "razão", ele parece ter abandonado os caminhos da utopia, esse modo de encantar o mundo que anima as lições de Bacon e de outros modernos. Essas, por sinal, mostram o esforço do filósofo no sentido de superar o divórcio entre inteligência e emoção. Para isso é, sem dúvida, necessário que o conhecimento (inclusive a filosofia) esteja mais perto do concreto, do presente, cooperando com as forças do *acontecimento*, decodificando e dando coerência aos detalhes da cotidianidade. Mas tudo isso com o objetivo de resgatar o encantamento que as religiões proporcionaram aos nossos ancestrais. Estar, sim, perto do cotidiano, do presente, mas visando à interpenetração da emoção e da ciência, da paixão e da inteligência, do sonho e da prática, de forma que a poesia possa vir a ser a flor espontânea do mundo futuro.

Rio de Janeiro, outubro de 1985

NOTAS

1. Reflexões sobre questões éticas (direito à informação); questões deontológicas (relativas à privacidade, à vida privada); questões jurídico-políticas (transmissão transfronteira de dados — *transborder data flow*) e a questão da soberania e da censura estatal; questões culturais (diversidade e identidade cultural e a possível homogeneidade da mensagem telemática transmitida por satélite); questões político-sociais (democratização da informação, rediscussão da censura, pertinência sociocultural da informação).

2. Cf. *Communications*, nº 18, 1972 (número especial sobre a retomada da noção de acontecimento pelas ciências contemporâneas).

3. Sobre a centralidade dessa rediscussão na atual fase da pesquisa científica, cf. Edgar Morin, *La méthode I: La nature de la nature*; *La méthode II: La vie de la vie e Le paradigme perdu: la nature humaine*, todos pela Éditions du Seuil, Paris em 1977, 1980 e 1983, respectivamente.

Introdução

Este estudo tem por objeto a posição do saber nas sociedades mais desenvolvidas. Decidiu-se chamá-la de "pós-moderna". A palavra é usada, no continente americano, por sociólogos e críticos. Designa o estado da cultura após as transformações que afetaram as regras dos jogos da ciência, da literatura e das artes a partir do final do século XIX. Aqui, essas transformações serão situadas em relação à crise dos relatos.

Originalmente, a ciência entra em conflito com os relatos. Do ponto de vista de seus próprios critérios, a maior parte destes últimos revelara-se como fábulas. Mas, na medida em que não se limite a enunciar regularidades úteis e que busque o verdadeiro, deve legitimar suas regras de jogo. Assim, exerce sobre seu próprio estatuto um discurso de legitimação, chamado filosofia. Quando este metadiscurso recorre explicitamente a algum grande relato, como a dialética do espírito, a hermenêutica do sentido, a emancipação do sujeito racional ou trabalhador, o desenvolvimento da riqueza, decide-se chamar "moderna" a ciência que a isto se refere para se legitimar. É assim, por exemplo, que a regra do consenso entre o remetente e destinatário de um enunciado com valor de verdade será tida como aceitável, se ela se inscreve na perspectiva de uma unanimidade possível de mentalidades racionais: foi este o relato das Luzes, onde o herói do saber trabalha por um bom fim ético-político, a paz universal. Vê-se neste caso que, legitimando o saber por um metarrelato, que implica uma filosofia da história, somos conduzidos a questionar a validade das instituições que regem o vínculo social: elas também devem ser legitimadas. A justiça relaciona-se assim com o grande relato, no mesmo grau que a verdade.

Simplificando ao extremo, considera-se "pós-moderna" a incredulidade em relação aos metarrelatos. É, sem dúvida, um efeito do progresso das ciências; mas este progresso, por sua vez, a supõe. Ao desuso do dispositivo metanarrativo de legitimação corresponde sobretudo a crise da filosofia metafísica e a da instituição universitária que dela dependia. A função narrativa perde seus atores (*functeurs*), os grandes heróis, os grandes perigos, os grandes périplos e o grande objetivo. Ela se dispersa em nuvens de elementos de linguagem narrativos, mas também denotativos, prescritivos, descritivos etc., cada um veiculando consigo validades pragmáticas *sui generis*. Cada um de nós vive em muitas destas encruzilhadas. Não formamos combinações de linguagem necessariamente estáveis, e as propriedades destas por nós formadas não são necessariamente comunicáveis.

Assim, nasce uma sociedade que se baseia menos numa antropologia newtoniana (como o estruturalismo ou a teoria dos sistemas) e mais numa pragmática das partículas de linguagem. Existem muitos jogos de linguagem diferentes; trata-se da heterogeneidade dos elementos. Somente darão origem à instituição através de placas; é o determinismo local.

Não obstante, os decisores tentam gerir estas nuvens de socialidades sobre matrizes de *input/output*, segundo uma lógica que implica a comensurabilidade dos elementos e a determinabilidade do todo. Para eles, nossa vida fica reduzida ao aumento do poder. Sua legitimação em matéria de justiça social e de verdade científica seria a de otimizar as *performances* do sistema, sua eficácia. A aplicação deste critério a todos os nossos jogos não se realiza sem algum terror, forte ou suave: sede operatórios, isto é, comensuráveis, ou desaparecei.

Essa lógica do melhor desempenho é, sem dúvida, inconsistente sob muitos aspectos, sobretudo no que se refere à contradição no campo socioeconômico: ela quer, simultaneamente, menos trabalho (para baixar os custos da produção) e mais trabalho (para aliviar a carga social da população inativa). Mas a incredulidade resultante é tal que não se espera destas contradições uma saída salvadora, como pensava Marx.

A condição pós-moderna é, todavia, tão estranha ao desencanto como à positividade cega da deslegitimação. Após os metarrelatos, onde se poderá encontrar a legitimidade? O critério de operatividade é tecnológico; ele não é pertinente para se julgar o verdadeiro e o justo. Seria pelo consenso, obtido por discussão, como pensa Habermas? Isto violentaria a heterogeneidade dos jogos de linguagem. E a invenção se faz sempre no dissentimento. O saber pós-moderno não é somente o instrumento dos poderes. Ele aguça nossa sensibilidade para as diferenças e reforça nossa capacidade de suportar o incomensurável. Ele mesmo não encontra sua razão de ser na homologia dos *experts*, mas na paralogia dos inventores.

A questão aberta é a seguinte: uma legitimação do vínculo social, uma sociedade justa, será praticável segundo um paradoxo análogo ao da atividade científica? Em que consistiria este paradoxo?

* * *

O texto que se segue é um escrito de circunstância. É uma exposição sobre o saber nas sociedades mais desenvolvidas, proposto ao Conselho das Universidades com o governo de Quebec, a pedido do seu presidente. Este último autorizou amavelmente sua publicação na França, e aqui lhe agradeço.

Resta dizer que o expositor é um filósofo, e não um *expert*. Este sabe o que sabe e o que não sabe, aquele, não. Um conclui, o outro interroga; são dois jogos de linguagem. Aqui eles se encontram misturados, de modo que nenhum dos dois prevalece.

O filósofo ao menos pode se consolar dizendo que a análise formal e pragmática de certos discursos de legitimação, filosóficos e ético-políticos, que sustenta nossa exposição, verá a luz depois desta. Ela a terá introduzido, por um atalho um pouco sociologizante, que, embora a reduzindo, a situa.

Tal como está, nós a dedicamos ao Instituto Politécnico de Filosofia da Universidade de Paris VIII (Vincennes), neste momento muito pós-moderno em que esta universidade corre o risco de desaparecer, e o instituto, de nascer.

1. O campo: o saber nas sociedades informatizadas

Nossa hipótese de trabalho é a de que o saber muda de estatuto ao mesmo tempo que as sociedades entram na idade dita pós-industrial, e as culturas, na idade dita pós-moderna.[1] Esta passagem começou desde pelo menos o final dos anos 1950, marcando para a Europa o fim de sua reconstrução. Foi mais ou menos rápida conforme os países e, nos países, de acordo com os setores de atividade: donde uma discronia geral, que não torna fácil o quadro de conjunto.[2] Uma parte das descrições não pode deixar de ser conjectural. E sabe-se que é imprudente conceder um crédito excessivo à futurologia.[3]

Em lugar de organizar um quadro que não poderá ser completo, partiremos de uma característica que determina imediatamente nosso objeto. O saber científico é uma espécie de discurso. Ora, pode-se dizer que há quarenta anos as ciências e as técnicas ditas de vanguarda versam sobre a linguagem: a fonologia e as teorias linguísticas,[4] os problemas da comunicação e a cibernética,[5] as matemáticas modernas e a informática,[6] os computadores e suas linguagens,[7] os problemas de tradução das linguagens e a busca de compatibilidades entre linguagens-máquinas,[8] os problemas de memorização e os bancos de dados,[9] a telemática e a instalação de terminais "inteligentes",[10] a paradoxologia:[11] eis aí algumas provas evidentes, e a lista não é exaustiva.

Parece que a incidência destas informações tecnológicas sobre o saber deva ser considerável. Ele é ou será afetado em suas duas principais funções: a pesquisa e a transmissão de conhecimentos. Quanto à primeira, um exemplo acessível ao leigo é dado pela genética, que deve seu paradigma teórico à cibernética. Há uma infinidade de outros exemplos. Quanto à segunda, hoje em dia *já* se sabe como, normalizando, miniaturizando e comercializando os aparelhos, modificam-se as operações de aquisição, classificação, acesso e exploração dos conhecimentos.[12] É razoável pensar que a multiplicação de máquinas informacionais afeta e afetará a circulação dos conhecimentos, do mesmo modo que o desenvolvimento dos meios de circulação dos homens (transportes), dos sons e, em seguida, das imagens (*media*)[13] o fez.

Nesta transformação geral, a natureza do saber não permanece intacta. Ele não pode se submeter aos novos canais, e tornar-se operacional, a não ser que o conhecimento possa ser traduzido em quantidades de informação.[14] Pode-se então prever que tudo o que no saber constituído não é traduzível será abandonado, e que a orientação das novas pesquisas se subordinará à condição de tradutibilidade dos resultados eventuais em linguagem de máquina. Tanto os "produtores" de saber como seus utilizadores devem e deverão ter os meios de traduzir nestas linguagens o que alguns buscam inventar, e outros, aprender. As pesquisas versando sobre estas máquinas-intérpretes já estão adiantadas.[15] Com a hegemonia da informática, impõe-se uma certa lógica e, por conseguinte, um conjunto de prescrições que versam sobre os enunciados aceitos como "de saber".

Pode-se então esperar uma explosiva exteriorização do saber em relação ao sujeito que sabe (*sachant*), em qualquer ponto que este se encontre no processo de conhecimento. O antigo princípio segundo o qual a aquisição do saber é indissociável da formação (*Bildung*) do espírito, e mesmo da pessoa, cai e cairá cada vez mais em desuso. Esta relação entre fornecedores e usuários do conhecimento e o próprio conhecimento tende e tenderá a assumir a forma que os produtores e os consumidores de mercadorias têm com estas últimas, ou seja, a forma valor. O saber é e será produzido para ser vendido, e ele é e será consumido para ser valorizado numa nova produção: nos dois casos, para ser trocado. Ele deixa de ser para si mesmo seu próprio fim; perde o seu "valor de uso".[16]

Tem-se que o saber tornou-se nos últimos decênios a principal força de produção,[17] que já modificou sensivelmente a composição das populações ativas nos países mais desenvolvidos[18] e constitui o principal ponto de estrangulamento para os países em vias de desenvolvimento. Na idade pós-industrial e pós-moderna, a ciência conservará e, sem dúvida, reforçará ainda mais sua importância na disputa das capacidades produtivas dos Estados-Nações. Esta situação constitui mesmo uma das razões que faz pensar que o afastamento em relação aos países em vias de desenvolvimento não cessará de alargar-se no futuro.[19]

Mas este aspecto não deve fazer esquecer outro que lhe é complementar. Sob a forma de mercadoria informacional indispensável ao poderio produtivo, o saber já é e será um desafio maior, talvez o mais importante, na competição mundial pelo poder. Do mesmo modo que os Estados-Nações se bateram para dominar territórios, e com isto dominar o acesso e a exploração das matérias-primas e da mão de obra barata, é concebível que eles se batam no futuro para dominar as informações. Assim encontra-se aberto um novo campo para as estratégias industriais e comerciais e para as estratégias militares e políticas.[20]

Contudo, a perspectiva assim aberta não é tão simples como se diz. Pois a mercantilização do saber não poderá deixar intacto o privilégio que os Estados-Nações modernos detinham e detêm ainda no que concerne à produção e à difusão dos conhecimentos. A ideia de que estes dependem do "cérebro" ou do "espírito" da sociedade que é o Estado será suplantada à medida que seja reforçado o princípio inverso, segundo o qual a sociedade não existe e não progride a não ser que as mensagens que nela circulem sejam ricas em informação e fáceis de decodificar. O Estado começará a aparecer como um fator de opacidade e de "ruído" para uma ideologia da "transparência" comunicacional, que se relaciona estritamente com a comercialização dos saberes. É sob este ângulo que se arrisca a apresentar-se com uma nova acuidade o problema das relações entre as instâncias econômicas e as instâncias estatais.

Já nos decênios anteriores, aquelas puderam pôr em perigo a estabilidade destas graças às novas formas de circulação de capitais, às quais se deu o nome genérico de empresas multinacionais. Estas formas implicam que as decisões relativas ao investimento escapam, pelo menos em parte, ao controle dos Estados-Nações.[21] Com a tecnologia informacional e telemática, a questão corre o risco de tornar-se ainda mais espinhosa. Admitamos, por exemplo, que uma firma como a IBM seja autorizada a ocupar uma faixa do campo orbital da Terra para implantar satélites de comunicação e/ou de banco de dados. Quem terá acesso a isto? Quem definirá os canais ou os dados proibidos? O Estado? Ou ele será um usuário como os outros? Novamente, surgem problemas de direito, e através deles a questão: quem saberá?

A transformação da natureza do saber pode assim ter sobre os poderes públicos estabelecidos um efeito de retorno tal que os obrigue a reconsiderar suas relações de direito e de fato com as grandes empresas e mais genericamente com a sociedade civil. A reabertura do mercado mundial, a retomada de uma competição econômica ativa, o desaparecimento da hegemonia exclusiva do capitalismo americano, o declínio da alternativa socialista, a abertura provável do mercado chinês às trocas, e muitos outros fatores, vêm preparar os Estados, neste final dos anos 1970, para uma revisão séria do papel que se habituaram a desempenhar desde os anos 1930, que era de proteção e guia, e até de planificação dos investimentos.[22] Neste contexto, as novas tecnologias, pelo fato de tornarem os dados úteis às decisões (portanto, os meios de controle) ainda mais instáveis e sujeitas à pirataria, não podem senão exigir urgência deste reexame.

Em vez de serem difundidos em virtude do seu valor "formativo" ou de sua importância política (administrativa, diplomática, militar), pode-se imaginar que os conhecimentos sejam postos em circulação segundo as mesmas redes da moeda, e que a clivagem pertinente a seu respeito deixa de ser saber/ignorância para se tornar como no caso da moeda, "conhecimentos de pagamento/conhecimentos de investimento", ou seja: conhecimentos trocados no quadro da manutenção da vida cotidiana (reconstituição da força de trabalho, "sobrevivência") *versus* créditos de conhecimentos com vistas a otimizar as *performances* de um programa.

Neste caso, poderia se tratar tanto da transparência como do liberalismo. Este não impede que nos fluxos de dinheiro uns sirvam para decidir, enquanto outros não sejam bons senão para pagar. Imaginam-se paralelamente fluxos de conhecimentos passando pelos mesmos canais e de mesma natureza, mas dos quais alguns serão reservados aos "decisores", enquanto outros servirão para pagar a dívida perpétua de cada um relativa ao vínculo social.

NOTAS

1. A. Touraine, *La Société postindustrielle*, Denoël, 1969; D. Bell, *The Coming of Post-Industrial Society*, Nova York, 1973; Ihab Hassan, *The Dismemberment of Orpheus: Toward a Postmodern Literature*, Nova York, Oxford U. P., 1971; M. Benamou & Ch. Caramello ed., *Performance in Postmodern Culture*, Wisconsin, Center for XXth Century Studies & Coda Press, 1977; M. Köler, "Postmodernismus: ein begriffgeschichtlicher Ueberblick", *Amerikastudien* 22, 1 (1977).

2. Uma expressão literária doravante clássica é dada por M. Butor, *Mobile. Étude pour une représentation des États-Unis*, Gallimard, 1962.

3. Jif Fowles ed., *Handbook of Futures Research*, Westport, Conn., Greenwood Press, 1978.

4. N. S. Trubetzkov. *Grundzüge der Phonologie*, Praga, T.C.L.P., VII, 1939; t.f., Cantineau, *Príncipes de phonologie*, Paris, Klincksieck, 1949.

5. N. Wiener. *Cybernetics and Society. The Human Use of Human Beings*, Boston, Hougton Mifflin, 1949; t.f., *Cybernétique et Société*, Deux Rives, 1949, 10/18, 1960. W. R. Ashby, *An Introduction to Cybernetics*, Londres, Chapman and Hall, 1956.

6. Ver a obra de Johannes von Neumann (1903-1957).

7. S. Bellert. "La formalisation des systèmes cybernétiques", in *Le concept d'information dans la science contemporaine*, Minuit, 1965.

8. G. Mounin. *Les problèmes théoriques de la traduction*, Gallimard, 1963. Data de 1965 a revolução dos computadores com a nova geração dos computadores 360 IBM: R. Moch. "Le tournant informatique". *Documents contributifs*, annexe IV. *L'informatisation de la société*. La Documentation Française, 1978; R. M. Ashby. "La seconde generation de la micro-életronique". *La Recherce 2* (junho 1970), 127 sq.

9. C. L. Gaudfernan & A. Taib, "Glossaire", in P. Nora & A. Mine. *L'informatisation de la société*. La Documentation française. 1978. R. Beca.

"Les banques de données". *Nouvelle informatique et nouvelle croissance*, annexe I. *L'informatisation...*, *loc. cit.*

10. L. Joyeux. "Les applications avancées de l'informatique". *Documents contributifs, loc. cit.* Os terminais domésticos (*integrated Video Terminals*) serão comercializados antes de 1984 por aproximadamente 1.400 dólares, segundo um informe do International Resource Development. *The Home Terminal.* Conn., LR.D. Press, 1979.

11. P. Watzlawick. J. Helmick-Beavin. D. Jackson. *Pragmatics of Human Communication. A Study of Interactional Patterns. Pathologies, and Paradoxes.* Nova York, Northorn, 1967; t.f., J. Mosche, *Une logique de la communication.* Seuil, 1972.

12. J. M. Treille, do Grupo de análise e de prospectiva dos sistemas econômicos e tecnológicos (G.A.P.S.E.T.), declara: "Não se fala o bastante das novas possibilidades de disseminação da memória, em particular graças aos semicondutores e aos *lasers* [...]. Cada um poderá em breve estocar a baixo preço a informação onde ele quiser, e dispor além disso de capacidades de tratamento autônomas" (*La semaine media* 16, 15 fevereiro 1979). Segundo uma enquete da National Scientific Foundation, mais de um em dois alunos de *high school* utiliza correntemente os serviços de um computador; os estabelecimentos escolares possuirão os seus desde o início dos anos 1980 (*La semaine media* 13, 25 janeiro 1979).

13. L. Brunel. *Des machines et des hommes.* Montreal, Quebec Science, 1978; J.-L. Missika &. D. Wolton. *Les réseau x peasants.* Librairie tecnique *et doc.*, 1978. O uso da videoconferência entre Quebec e Paris está em vias de se tornar um hábito: em novembro e dezembro de 1978 realizou-se o quarto ciclo de videoconferências *en direct* (pelo satélite Symphonie) entre Quebec e Montreal, de um lado, e Paris (Université Paris Nord e Centre Beaubourg) de outro (*La semaine media* 5, 50 novembro 1978). Outro exemplo, o jornalismo eletrônico. Os três grandes canais americanos A.B.C., N.B.C. e C.B.S. de tal modo multiplicaram seus estúdios de produção através do mundo, que quase todos os eventos que ocorrem podem

agora ser tratados eletronicamente e transmitidos aos Estados Unidos por satélite. Apenas os escritórios de Moscou continuam a trabalhar com filmes, que eles expedem de Frankfurt para difusão por satélite. Londres tornou-se o grande *packing point* (*La semaine media* 20, 15 março 1979).

14. A unidade de informação é o *bit*. Para suas definições, ver Gaudfernan & Taíb, "Glossaire", *loc. cit.* Discussão em R. Thom, "Un protée de la sémantique: l'information" (1973), in *Modèles mathématiques de la morphogenèse*, 10/18, 1974. A transmissão das mensagens em código digital permite notadamente eliminar as ambivalências: ver Watzlawick *et al., op. cit.*, 98.

15. As firmas Craig e Lexicon anunciam a colocação no mercado de tradutores de bolso; quatro módulos em línguas diferentes aceitos simultaneamente, cada um com 1.500 palavras e memória. A Weidner Communication Systems Inc. produz um *Multilingual Word Processing* que permite ampliar a capacidade de um tradutor médio de 600 para 2.400 palavras por hora. Possui uma tríplice memória: dicionário bilíngue, dicionário de sinônimos, índice gramatical (*La semaine media*, 6, 6 dezembro 1978, 5).

16. J. Habermas, *Erkenntnis und Interesse*, Frankfurt, 1968; t.f. Brohm & Clémençon, *Connaissance et intérêt*, Gallimard, 1976.

17. "A base (*Grundpfeiler*) da produção e da riqueza [...] torna-se a inteligência e a dominação da natureza na existência do homem como corpo social", de modo que "o saber social geral, o *knowledge*, tornou-se força de produção imediata", escreve Marx nos *Grundrisse der Kritik der politischen Oekonomie* (1857-1858), Berlin, Dietz Verlag, 1953, 594; t.f. Dangeville, *Fondements de l'économie politique*, Anthropos, 1968, I, 223. Todavia, Marx concede que não é "na forma do saber, mas como órgão imediato da práxis social", que o conhecimento torna-se força, isto é, como máquinas: estas são "órgãos do cérebro humano forjados pela mão do homem, da força de saber objetivada". Ver P. Mattick, *Marx and Keynes, The Limits of the Mixed Economy*, Boston, Sargent, 1969; t.f. Bricianier, *Marx et Keynes, Les limites de réconomie mixte*, Gallimard, 1972. Discussão em J. F. Lyotard,

"La place de l'aliénation dans le retournement marxiste" (1969), in *Dérive à partir de Marx et Freud*, 10/18, 1973.

18. A composição da categoria de trabalhadores (*labor force*) nos Estados Unidos modificou-se, em vinte anos (1950-1971), como se segue:

	1950	1971
Trabalhadores de fábricas, de serviços ou agrícolas	62,5%	51,4%
Profissionais liberais e técnicos	7,5%	14,2%
Empregados	30	34

(*Statistical Abstracts*, 1971)

19. Em razão da duração do tempo de "fabricação" de um técnico superior ou de um cientista médio relativamente ao tempo de extração de matérias-primas e de transferência de capital moeda. Ao final dos anos 1960, Mattick avaliava a taxa de investimento líquido nos países subdesenvolvidos entre 3% e 5% do PNB, nos países desenvolvidos entre 10% e 15% (*op. cit.*, t.f. 287).

20. Nora & Mine, *L'informatisation de la société, loc. cit.*, notadamente a primeira parte: "Les défis", Y. Stourdzé, "Les États-Unis et la guerre des communications", *Le Monde*, 13-15 dezembro 1978. Valor de mercado mundial dos instrumentos de telecomunicação em 1979: 30 bilhões de dólares; estima-se que em dez anos ela atingirá 68 bilhões (*La semaine media*, 19, 8 março. 1979, 9).

21. F. de Combret, "Le redéploiement industriel", *Le Monde*, abril 1978; H. Lepage, *Demain le capitalisme*, Paris, 1978; Alain Cotta, *La France et l'impératif mondial*, P.U.F., 1978.

22. Trata-se de "enfraquecer a administração", de chegar ao "Estado mínimo". É o declínio do Welfare State, concomitantemente à "crise" que se iniciou em 1974.

2. O problema: a legitimação

Esta é então a hipótese de trabalho que determina o campo no qual pretendemos apresentar a questão do estatuto do saber. Este cenário, similar ao de "informatização da sociedade", ainda que proposto de maneira totalmente diversa, não tem a pretensão de ser original, nem mesmo de ser verdadeiro. O que se reivindica a uma hipótese de trabalho é uma grande capacidade discriminante. O cenário da informatização das sociedades mais desenvolvidas permite iluminar, com o risco mesmo de exagerá-los excessivamente, certos aspectos da formação do saber e dos seus efeitos sobre o poder público e as instituições civis, efeitos que permaneceriam pouco perceptíveis noutras perspectivas. Não se deve pois dar-lhe um valor de previsão em relação à realidade, mas estratégico em relação à questão apresentada.

Contudo, é grande sua credibilidade, e neste sentido a escolha desta hipótese não é arbitrária. Sua descrição já foi amplamente elaborada pelos *experts*[1] e já guia certas decisões das administrações públicas e das empresas mais diretamente afins, como as que gerenciam as telecomunicações. Portanto, pertence, já, em parte, à categoria das realidades observáveis. Enfim, excluindo-se o caso de uma estagnação ou de uma recessão geral devida, por exemplo, a uma ausência persistente de solução relativa ao problema mundial da energia, este cenário tem boas chances de prevalecer: pois não se vê que outra orientação as tecnologias contemporâneas poderiam tomar que fosse uma alternativa à informatização da sociedade.

Isso significa que a hipótese é banal. Mas ela o é somente na medida em que não coloca em causa o paradigma geral do progresso das ciências e das técnicas, ao qual parecem evidentemente corresponder o crescimento econômico e o desenvolvimento do poder sociopolítico. Admite-se como ponto pacífico que o saber científico e técnico se acumula, discute-se quando muito a forma desta acumulação, que alguns imaginam regular, contínua e unânime, e outros como sendo periódica, descontínua e conflitual.[2]

Essas evidências são falaciosas. Para começar, o saber científico não é todo o saber; ele sempre esteve ligado a seu conceito, em competição com uma outra espécie de saber que, para simplificar, chamaremos de narrativo e que será caracterizado mais adiante. Não se trata de dizer que este último possa prevalecer sobre ele, mas seu modelo está relacionado às ideias de equilíbrio interior e de convivialidade,[3] comparadas às quais o saber contemporâneo empalidece, sobretudo se tiver que sofrer uma exteriorização em relação àquele que sabe (*sachant*) e uma alienação em relação a seus usuários bem maiores do que antes. A desmoralização consequente dos pesquisadores e dos professores é fato importante, tanto que veio à tona, como se sabe, junto àqueles que se destinavam a exercer estas profissões, os estudantes, ao longo dos anos 1960, em todas as sociedades mais desenvolvidas, e veio retardar sensivelmente, durante este período, o rendimento dos laboratórios e das universidades que não conseguiram evitar a sua contaminação.[4] A questão não é nem foi a de aguardar uma revolução, fosse para esperá-la ou para temê-la, como aconteceu frequentemente; o curso das coisas da civilização pós-industrial não será mudado de um dia para o outro. Mas é impossível não levar em consideração este componente maior, a dúvida dos cientistas, quando se trata de avaliar o estatuto presente e futuro do saber científico.

Além disso, ela interfere no problema essencial, o da legitimação. Aqui, tomamos a palavra em um sentido mais lato do que lhe é dado na discussão da questão da autoridade pelos teóricos alemães contemporâneos.[5] Considere-se uma lei civil; seu enunciado é o seguinte: tal categoria de cidadãos deve desempenhar tal tipo de ação. A legitimação é um processo pelo qual um legislador é autorizado a promulgar esta lei como norma. Considere-se um enunciado científico; ele está submetido à regra: um enunciado deve apresentar determinado conjunto de condições para ser reconhecido como científico. Aqui, a legitimação é o processo pelo qual um "legislador" ao tratar do discurso científico é autorizado a prescrever as condições estabelecidas (em geral, condições de consistência interna e de verificação experimental) para que um enunciado faça parte deste discurso e possa ser levado em consideração pela comunidade científica.

O paralelo pode parecer forçado. Veremos que não. A questão da legitimação encontra-se, desde Platão, indissoluvelmente associada à da legitimação do legislador. Nesta perspectiva, o direito de decidir sobre o que é verdadeiro não é independente do direito de decidir sobre o que é justo, mesmo se os enunciados submetidos respectivamente a esta e àquela autoridade forem de natureza diferente. É que existe um entrosamento entre o gênero de linguagem que se chama ciência e o que se denomina ética e política: um e outro procedem de uma mesma perspectiva ou, se se preferir, de uma mesma "opção", e esta chama-se Ocidente.

Examinando-se o estatuto atual do saber científico, constata-se que enquanto este último parece mais subordinado do que nunca às potências e, correndo até mesmo o risco, com as novas tecnologias, de tornar-se um dos principais elementos de seus conflitos, a questão da dupla legitimação está longe de se diluir e não pode deixar, por isso, de ser considerada com mais cuidado. Pois ela se apresenta em sua forma mais completa, a da reversão, que vem evidenciar serem saber e poder as duas faces de uma mesma questão: quem decide o que é saber, e quem sabe o que convém decidir? O problema do saber na idade da informática é mais do que nunca o problema do governo.

NOTAS

1. *La nouvelle informatique et ses utilisateurs*, annexe III, "L'informatisation etc.", *loc. cit.*

2. B. P. Lécuyer, "Bilan et perspectives de la sociologie des sciences dans les pays occidentaux", *Archives européennes de sociologie* XIX (1978) (bibliog.), 257-336. Boa informação sobre as correntes anglo-saxônicas: hegemonia da escola de Merton até início dos anos 1970, dispersão atual, notadamente por influência de Kuhn; pouca informação sobre a sociologia alemã da ciência.

3. O termo foi difundido por Ivan Illich, *Tools for Conviviality*, N.Y., Harper & Row, 1973; t.f. *La convivialité*, Seuil, 1974.

4. Sobre esta "desmoralização", ver A. Jaubert e J.-M. Lévy-Leblond, ed. *(Auto) critique de la science*, Seuil, 1973, parte I.

5. J. Habermas, *Legitimationsprobleme im Spätkapitalismus*, Frankfurt, Suhrkamp, 1973; t.f. Lacoste, *Raison et légitimité*, Payot, 1978 (bibliog.).

3. O método: os jogos de linguagem

Pelo que antecede, já se observou que, para analisar este problema no quadro que determinamos, preferimos um procedimento: o de enfatizar os fatos de linguagem e, nestes fatos, seu aspecto pragmático.[1] A fim de facilitar o desenvolvimento da leitura, é útil apresentar uma visão, mesmo que sumária, do que entendemos por este termo.

Um enunciado denotativo[2] como: *A universidade está doente*, proferido no quadro de uma conversação ou de um colóquio, posiciona seu remetente (aquele que o enuncia), seu destinatário (aquele que o recebe) e seu referente (aquilo de que trata o enunciado) de uma maneira específica: o remetente é colocado e exposto por este enunciado na posição de quem sabe (*sacbant*) (ele sabe como vai a universidade), o destinatário é colocado na postura de ter de conceder ou recusar seu assentimento, e o próprio referente é apreendido de uma maneira própria aos denotativos, como qualquer coisa que precisa ser corretamente identificada e expressa no enunciado que a ele se refere.

Se se considera uma declaração como: *A universidade está aberta*, pronunciada por um decano ou um reitor quando do início do ano letivo, vê-se que as especificações precedentes desaparecem. Evidentemente, é preciso que o significado do enunciado seja compreendido, mas isto é uma condição geral da comunicação, que não permite distinguir os enunciados ou seus efeitos próprios. O segundo enunciado, chamado de desempenho,[3] possui a particularidade de seu efeito sobre o referente coincidir com sua enunciação: a universidade encontra-se aberta pelo fato de que é declarada como tal nestas condições. Isto não está então sujeito a discussão nem a verificação pelo destinatário, que se encontra imediatamente colocado no novo contexto assim criado. Quanto ao remetente, deve ser dotado da autoridade de proferi-la; mas pode-se descrever esta situação de modo inverso: ele não é decano ou reitor, isto é, alguém dotado de autoridade para proferir este gênero de enunciados, senão quando os profere, obtendo o efeito imediato que dissemos, tanto sobre seu referente, a universidade, quanto sobre seu destinatário, o corpo docente.

Um caso diferente é o dos enunciados do tipo: *Deem meios à universidade*, que são prescrições. Estas podem ser moduladas em ordens, comandos, instruções, recomendações, pedidos, solicitações, súplicas etc. Vê-se que o remetente é aqui colocado na posição de autoridade, no sentido mais amplo do termo (incluindo a autoridade que o pecador tem sobre um deus que se declara misericordioso), o que significa que ele espera do destinatário a realização da ação referida. Estas duas últimas posições sofrem a seu turno, na pragmática prescritiva, efeitos concomitantes.[4]

Outra é ainda a eficiência de uma interrogação, de uma promessa, de uma descrição literária, de uma narração etc. Resumindo. Quando Wittgenstein, recomeçando o estudo da linguagem a partir do zero, centraliza sua atenção sobre os efeitos dos discursos, chama os diversos tipos de enunciados que ele caracteriza desta maneira, e dos quais se enumeraram alguns, de jogos de linguagem. Por este termo quer dizer que cada uma destas diversas categorias de enunciados deve poder ser determinada por regras que especifiquem suas propriedades e o uso que delas se pode fazer, exatamente como o jogo de xadrez se define como um conjunto de regras que determinam as propriedades das peças, ou o modo conveniente de deslocá-las.

Três observações precisam ser feitas a respeito dos jogos de linguagem.[5] A primeira é que suas regras não possuem sua legitimação nelas mesmas, mas constituem objeto de um contrato explícito ou não entre os jogadores (o que não quer dizer todavia que estes as inventem). A segunda é que na ausência de regras não existe jogo[6], que uma modificação, por mínima que seja, de uma regra, modifica a natureza do jogo, e que um "lance" ou um enunciado que não satisfaça as regras não pertence ao jogo definido por elas. A terceira observação acaba de ser inferida: todo enunciado deve ser considerado um "lance" feito num jogo.

Esta última observação leva a admitir um primeiro princípio que alicerça todo o nosso método: é que falar é combater, no sentido de jogar, e que os atos de linguagem[7] provêm de uma agonística geral.[8] Isto não significa necessariamente que se joga para ganhar. Pode-se realizar um lance pelo prazer de inventá-lo: não é este o caso do trabalho de estímulo da língua provocado pela fala popular ou pela literatura? A invenção contínua de construções novas, de palavras e de sentidos que, no nível da palavra, é o que faz evoluir a língua, proporciona grandes alegrias. Mas, sem dúvida, mesmo este prazer não é independente de um sentimento de sucesso, sobre um adversário pelo menos, mas de envergadura: a língua estabelecida, a conotação.[9]

Esta ideia de uma agonística da linguagem (*langagière*) não deve ocultar o segundo princípio que lhe é complementar e que norteia nossa análise: é que o vínculo social observável é feito de "lances" de linguagem. Elucidando esta proposição, entraremos no cerne do nosso tema.

NOTAS

1. Na esteira da semiótica de Ch. A. Peirce, a distinção dos domínios sintático, semântico e pragmático é feita por Ch. W. Morris, "Foundations of the Theory of Signs", in O. Neurath, R. Carnap & Ch. Morris, eds., *International Encyclopedia of Unified Science*, I, 2 (1938), 77-137. Nós nos referimos sobre este termo sobretudo a: L. Wittgenstein, *Philosophical Investigations*, 1945 (t.f. Klossowski, *Investigations philosophiques*, Gallimard, 1961); J. L. Austin, *How to Do Things with Words*, Oxford, 1962 (t.f. Lane, *Quand dire c'est faire*, Seuil, 1970); J. R. Searle, *Speech Acts*, Cambridge U.P., 1969 (t.f. Pauchard, *Les actes de langage*, Hermann, 1972); J. Habermas, *Vorbereitende Bemerkungen zu einer Theorie der kommunikativen Kompetens*, in Habermas & Luhmann, *Theorie der Gesellschaft oder Sozialtechnologie*, Stuttgart, Suhrkamp, 1971; O. Ducrot, *Dire et ne pas dire*, Hermann, 1972; J. Puclain, "Vers une pragmatique nucleaire de la communication", datilog., Université de Montréal, 1977. Ver também Watzlawick *et al.*, *op. cit.*

2. *Denotação* corresponde aqui à *descrição* conforme uso clássico dos lógicos. Quine substitui *denotation* por *true of* (verdade de). Ver W. V. Quine, t.f. Dopp e Gochet, *Le mot et la chose*, Flammarion, 1977, 140, n. 2. Austin, *op. cit.*, 39, prefere *constatif* a *descriptif.*

3. Em teoria da linguagem, *performative* assumiu desde Austin um sentido preciso (*op. cit.*, 39 e *passim*). Iremos reencontrá-lo mais adiante associado aos termos *performance* e *performatividade* (de um sistema, notadamente) no sentido que se tornou corrente de eficiência mensurável na relação *input/output*. Os dois sentidos não são estranhos um ao outro. O *performativo* de Austin realiza a *performance* ótima. Na tradução para o português preferiram-se as palavras desempenho ou eficiência mensurável como tradução de *performativité* e *performatif.* (*N. do E.*)

4. Uma análise recente destas categorias foi feita por Habermas, "Vorbereitende Bemerkungen...", e discutida por J. Poulain, *art. cit.*

5. *Investigations philosophiques*, *loc. cit.*, § 23.

6. J. von Neumann & Morgenstern, *Theory of Games and Economic Behavior*, Princeton U.P., 1944, 3ª ed., 1954; 49: "O jogo consiste no conjunto das regras que o descrevem." Fórmula estranha ao espírito de Wittgenstein, para quem o conceito de jogo escaparia aos ditames de uma definição, visto que esta já é um jogo de linguagem (*op. cit.*, § 65-84, sobretudo).

7. O termo é de J. H. Searle: "Os atos de linguagem são as unidades mínimas de base da comunicação linguística" (*op. cit.*, t.f., 52). Nós as colocamos de preferência sob a égide do *agón* (a polêmica) de que da comunicação.

8. A agonística está no princípio da ontologia de Heráclito e da dialética dos sofistas, sem falar dos primeiros trágicos. Aristóteles reserva-lhe uma grande parte de sua reflexão sobre a dialética in *Tópicos* e *Refutações sofísticas*. Ver F. Nietzsche, "La joule chez Homère", in "Cinq préfaces à cinq livres qui n'ont pas été écrits" (1872). *Écrits posthumes* 1870-1875. t.f. Backès. Haar & de Launay. Gallimard. 1975. 192-200.

9. No sentido estabelecido por L. Hjelmslev. *Prolegomena to a Theory of Language*, t. inglesa Whitfield. Madison. U. Wisconsin Press, 1965; t.f. Una Ganger. *Prolégomènes à une théorie du langage*, Minuit. 1968. E retomado por R. Barthes. *Elements de sémiologie* (1964), Seuil. 1966 § IV. 1.

4. A natureza do vínculo social: a alternativa moderna

Se se quer tratar do saber na sociedade contemporânea mais desenvolvida, deve-se primeiramente decidir qual a representação metódica que dela se faz. Simplificando ao extremo, pode-se dizer que durante o último meio século, pelo menos, esta representação dividiu-se, em princípio, entre dois modelos: a) a sociedade forma um todo funcional; b) a sociedade divide-se em duas partes. Pode-se ilustrar o primeiro com o nome de Talcott Parsons (pelo menos, o do pós-guerra) e sua escola; o segundo, pela corrente marxista (todas as escolas que o compõem, por mais diferentes que sejam, admitem o princípio da luta de classes e a dialética como dualidade trabalhando a unidade social).[1]

Esta clivagem metodológica que determina duas grandes espécies de discursos sobre a sociedade provém do século XIX. A ideia de que a sociedade forma um todo orgânico, sem o que deixa de ser uma sociedade (e a sociologia não tem mais objeto), dominava o espírito dos fundadores da escola francesa; torna-se mais precisa com o funcionalismo; assume uma outra modalidade quando Parsons, nos anos 1950, compara a sociedade a um sistema autorregulável. O modelo teórico e mesmo material não é mais o organismo vivo; ele é fornecido pela cibernética que lhe multiplica as aplicações durante e ao final da Segunda Guerra Mundial.

Com Parsons, o princípio do sistema é, se se pode dizer, ainda otimista: corresponde à estabilização das economias em crescimento e das sociedades de abundância sob a égide de um *welfare state* temperado.[2] Para os teóricos alemães de hoje, a *Systemtheorie* é tecnocrática, e mesmo cínica, para não dizer desesperada: a harmonia entre necessidades e esperanças dos indivíduos e dos grupos com as funções que asseguram o sistema não é mais do que uma componente anexa do seu funcionamento; a verdadeira finalidade do sistema, aquilo que o faz programar a si mesmo como uma máquina inteligente, é a otimização da relação global entre os seus *input* e *output*, ou seja, o seu desempenho. Mesmo quando suas regras mudam e inovações se produzem, mesmo quando suas disfunções, como as greves, as crises, o desemprego ou as revoluções políticas podem fazer acreditar numa alternativa e levantar esperanças, não se trata senão de rearranjos internos e seu resultado só pode ser a melhoria da "vida" do sistema, sendo a entropia a única alternativa a este aperfeiçoamento das *performances*, isto é, o declínio.[3]

Aqui também, sem cair no simplismo de uma sociologia da teoria social, é difícil não estabelecer pelo menos um paralelo entre esta versão tecnocrática "dura" da sociedade e o esforço ascético que se pede, sob o nome de "liberalismo avançado", às sociedades industriais mais desenvolvidas para que se tornem competitivas (e assim otimizar sua "racionalidade") no contexto de retomada da guerra econômica mundial a partir dos anos 1960.

Para além do imenso deslocamento que conduz do pensamento de um Comte ao de um Luhmann, vislumbra-se uma mesma ideia do social: a sociedade é uma totalidade unida, uma "unicidade". Parsons o formula claramente: "A condição mais decisiva para que uma análise dinâmica seja boa é de que *cada* problema seja contínua e sistematicamente referido ao estado do sistema considerado um todo [...]. Um processo ou um conjunto de condições ou bem contribui' para a manutenção (ou para o desenvolvimento) do *sistema*, ou bem é 'disfuncional', prejudicando assim a integridade e a eficácia do sistema.[4]" Ora, esta ideia é também a dos "tecnocratas".[5] Daí sua credibilidade: possuindo os meios de se tornar realidade, possui os de administrar suas provas. É o que Horkheimer chamava de "paranoia" da razão.[6]

Mas não se pode julgar como paranoicos o realismo da autorregulação sistemática e o círculo perfeitamente fechado dos fatos e das interpretações, a não ser sob condição de se dispor ou de se pretender dispor de um observatório que por princípio escape à sua atração. Tal é a função do princípio da luta de classes na teoria da sociedade a partir de Marx.

Se a teoria "tradicional" está sempre ameaçada de ser incorporada à programação do todo social como um simples instrumento de otimização das *performances* deste último, é que seu desejo de uma verdade unitária e totalizante presta-se à prática unitária e totalizante dos gerentes do sistema. A teoria "crítica",[7] por se apoiar sobre um dualismo de princípio e desconfiar das sínteses e das reconciliações, deve estar em condições de escapar a este destino.

É pois um outro modelo da sociedade (e uma outra ideia da função do saber que nela se pode produzir e dela se adquirir) que guia o marxismo. Este modelo origina-se nas lutas que acompanham o cerco das sociedades civis tradicionais pelo capitalismo. Não se trata aqui de seguir os périplos que são a matéria da história social, política e ideológica de mais de um século. Basta lembrar o balanço que dela se pode fazer hoje, pois seu destino é conhecido: nos países de gestão liberal ou liberal avançada, a transformação destas lutas e dos seus órgãos em reguladores do sistema; nos países comunistas, o retorno, em nome do próprio marxismo, do modelo totalizante e de seus efeitos totalitários, tendo sido as lutas em questão simplesmente privadas do direito à existência.[8] E em toda parte, em nome de um ou outro, a Crítica da economia política (era este o subtítulo de *O capital*, de Marx) e a crítica da sociedade alienada que lhe era correlata são utilizadas à guisa de elementos na programação do sistema?[9]

Seguramente, o modelo crítico manteve-se e apurou-se em face deste processo em minorias como a Escola de Frankfurt ou o grupo Socialismo ou Barbárie.[10] Mas não se pode esconder que o pilar social do princípio da divisão, a luta de classes, tendo se diluído a ponto de perder toda radicalidade, encontrou-se finalmente exposto ao perigo de perder sua base teórica e de se reduzir a uma "utopia", a uma "esperança",[11] a um protesto pela honra feito em nome do homem, ou da razão, ou da criatividade, ou ainda de determinada categoria social reduzida *in extremis* às funções de agora em diante improváveis de sujeito crítico, como o Terceiro Mundo ou a juventude estudantil.[12]

Esta retrospectiva esquemática (ou esquelética) não teve outra função senão a de esclarecer a problemática na qual pretendemos situar a questão do saber nas sociedades industriais avançadas. Pois não se pode entender o estado atual do saber, isto é, que problemas seu desenvolvimento e difusão encontram hoje, se não se conhece nada da sociedade na qual ele se insere. E, hoje mais do que nunca, conhecer qualquer coisa daquela é primeiro escolher a maneira de interrogá-la, que é também a maneira pela qual ela pode fornecer respostas. Não se pode concluir que o papel principal do saber é o de ser um elemento indispensável do funcionamento da sociedade e agir em consequência para com ela, a não ser que se conclua que esta é uma grande máquina.[13]

Inversamente, não se pode contar com sua função crítica e sonhar em orientar-lhe o desenvolvimento e a difusão neste sentido, a não ser que se tenha concluído que ela não perfaz um todo integrado e que continua a ser perturbada por um princípio de contestação.[14] A alternativa parece evidente — homogeneidade ou dualidade intrínsecas do social, funcionalismo ou criticismo do saber —, mas a decisão parece difícil de tomar. Ou arbitrária.

Tentou-se dela escapar distinguindo duas espécies de saber: um positivista, que encontra facilmente sua aplicação às técnicas relativas aos homens e aos materiais e que se presta a tornar-se uma força produtiva indispensável ao sistema, e uma espécie crítica ou reflexiva ou hermenêutica, que, interrogando-se direta ou indiretamente sobre os valores ou os fins, opõe um obstáculo a qualquer "recuperação".[15]

NOTAS

1. Ver em particular Talcott Parsons, *The Social System*, Glencoe Free, P., 1967; *id., Sociological Theory and Modern Society.* N.Y., Free P., 1967. A bibliografia da teoria marxista da sociedade contemporânea ocuparia mais de cinquenta páginas. Pode-se consultar a útil catalogação (dossiês e bibliografia crítica) feita por P. Souyri, *Le marxisme après Marx.* Flammarion. 1970. Uma visão interessante do conflito entre essas duas grandes correntes da teoria social e de sua mixagem é apresentada por A. W. Gouldner, *The Coming Crisis of Western Sociology* (1970). Londres, Heineman, 2ª ed.. 1972. Este conceito ocupa um lugar importante no pensamento de J. Habermas, simultaneamente herdeiro da Escola de Frankfurt e polemizando com a teoria alemã do sistema social, sobretudo a de Luhmann.

2. Este otimismo aparece claramente nas conclusões de R. Lynd, *Knowledge for What?*, Princeton U.P., 1939, 239, que são citadas por M. Horkheimer, *Eclipse of Reason*, Oxford U.P., 1947; t.f. Laizé, *Eclipse de la raison*, Payot. 1974, 191: na sociedade moderna, a ciência deverá substituir a religião "usada até a exaustão" para definir a finalidade da vida.

3. H. Schelsky. *Der Mensch in der wissenschaftlichen Zeitalter.* Colônia, 1961, 24 sq.: "A soberania do Estado não se manifesta mais pelo simples fato de que ele monopoliza o uso da violência (Max Weber) ou decide sobre o estado de exceção (Carl Schmitt), mas antes de tudo, pelo fato de que decide sobre o grau de eficácia de todos os meios técnicos existentes em seu seio, que reserva para si aqueles cuja eficácia for mais elevada e pode praticamente colocar-se ele mesmo fora do campo de aplicação destes meios técnicos que impõe aos outros?" Será dito que é uma teoria do Estado, não do sistema. Mas Schelsky acrescenta: "O próprio Estado vê--se submetido, em função da própria civilização industrial: a saber, são os meios que determinam os fins ou, antes, as possibilidades técnicas impõem a utilização que delas se faz." Habermas opõe a esta lei o fato dos conjuntos de meios técnicos e dos sistemas de ação racional completa jamais se desenvolverem de maneira autônoma: "Conséquences pratiques du progrès scientifique et technique" (1968), in *Theorie und Praxis*, Neuwied, Luchterhand, 1963; t.f. Raulet, *Théorie et Praxis*, Payot, II 115-156. Ver também J. Ellul, *La technique et l'enjeu de la science*, Paris, Armand Colin, 1954; *id.*, *Le système technicien*, Paris, Calmann-Lévy. Que as greves e em geral a forte pressão exercida pelas poderosas organizações de trabalhadores produzem uma tensão finalmente benéfica para a eficiência mensurável do sistema, é o que Ch. Levinson, dirigente sindical, declara claramente; explica ele esta tensão como o avanço técnico e gestionário da indústria americana (citado por H.-F. de Virieu, *Le Matin*, décembre 1978, n. spécial "Que veut Giscard?").

4. T. Parsons. *Essays in Sociological Theory Pure and Applied*, Glencoe. Free P., 1957 (reed.). 46-47.

5. A palavra é tomada aqui segundo a acepção que J. K. Galbraith deu ao termo *tecnoestrutura* em *Le Nouvel État industriel. Essai sur le système économique américain*, Gallimard, 1968, ou R. Aron, ao de estrutura tecnoburocrática nas *Dix-huit Leçons sur la société industielle*, Gallimard,

1962, de preferência ao sentido evocado pelo termo *burocracia*. Este último é muito mais "duro", porque é tanto sociopolítico quanto econômico, procedendo inicialmente de uma crítica feita pela Oposição operária (Kollontaï) ao poder bolchevique, depois pela oposição trotskista ao estalinismo. Ver a este respeito Cl. Lefort. *Éléments d'une critique de la bureaucratie*. Genebra. Droz. 1971, em que a crítica se estende à sociedade burocrática em seu conjunto.

6. *Eclipse de la raison, loc. cit.*, 183.

7. M. Horkheimer, "Traditionelle und kritische Theorie" (1937) in t.f. Maillard & Muller, *Théorie traditionnelle et théorie critique*, Gallimard, 1974. Ver também: t.f. Collectif du Collège de philosophic, *Théorie critique*, Payot, 1978. E a bibliografia comentada sobre a Escola de Frankfurt (francesa, interrompida em 1978) in *Esprit* 5 (mai 1978), por Hoehn & Raulet.

8. Ver Cl. Lefort, *op. cit.*; *id.*, *Un homme en trop.* Seuil. 1976; C. Castoriadis, *La société bureaucratique*, 10/18, 1973.

9. Ver, por exemplo, J. P. Garbier, *Le marxisme lénifiant*, Le Sycomore, 1979.

10. É o título que tinha o "órgão de crítica e de orientação revolucionária" publicado de 1949 a 1965 por um grupo cujos principais redatores (com diversos pseudônimos) foram C. de Beaumont. D. Blanchard, C. Castoriadis, S. de Diesbach. Cl. Lefort, J.-F. Lyotard, A. Maso, D. Mothé, B. Barrel, P. Simon, P. Souyri.

11. E. Bloch, *Das Prinzip Hoffnung* (1954-59), Frankfurt, 1967. Ver G. Raulet, ed., *Utopie-Marxisme selon E. Bloch*, Payot. 1976.

12. É uma alusão às obstruções teóricas provocadas pelas guerras da Argélia e do Vietnã, e pelo movimento estudantil dos anos 1960. Um panorama histórico é dado por A. Schnapp e P. Vidal-Naquel, *Journal de la Commune étadiante*, Seuil, 1969, Apresentação.

13. Lewis Mumford, *The Myth of the Machine. Teenies and Human Development*, Londres, Seeker & Warburg, 1967; t.f. *Le mythe de la machine*, Fayard, 1974.

14. A hesitação entre estas duas hipóteses se evidencia, no entanto, no apelo destinado a obter a participação dos intelectuais no sistema: Ph. Nemo, "La nouvelle responsabilité des clercs", *Le Monde*, 8 setembro 1978.

15. A oposição entre *Naturwissenschaft* e *Geistwissenschaft* tem sua origem em W. Dilthey (1863-1911), t.f. Rémy, *Le monde de l'esprit*, Aubier-Montaigne, 1947.

5. A natureza do vínculo social: a perspectiva pós-moderna

Não seguimos uma solução de divisão como esta. Postulamos que a alternativa que ela busca resolver, mas que não faz senão reproduzir, deixou de ser pertinente em relação às sociedades que nos interessam, e que ela mesma pertence a um pensamento por oposições que não corresponde às manifestações mais eloquentes do saber pós-moderno. O "redesdobramento" econômico na fase atual do capitalismo, auxiliado pela mutação das técnicas e das tecnologias, segue em paralelo, já se disse, com uma mudança de função dos Estados: a partir desta síndrome forma-se uma imagem da sociedade que obriga a revisar seriamente os enfoques apresentados como alternativa. Digamos sumariamente que as funções de regulagem e, portanto, de reprodução são e serão cada vez mais retiradas dos administradores e confiadas a autômatos. A grande questão vem a ser e será a de dispor das informações que estes deverão ter na memória a fim de que boas decisões sejam tomadas. O acesso às informações é e será da alçada dos *experts* de todos os tipos. A classe dirigente é e será a dos decisores. Ela já não é mais constituída pela classe política tradicional, mas por uma camada formada por dirigentes de empresas, altos funcionários, dirigentes de grandes órgãos profissionais, sindicais, políticos, confessionais.[1]

A novidade é que, neste contexto, os antigos polos de atração formados pelos Estados-Nações, os partidos, os profissionais, as instituições e as tradições históricas perdem seu atrativo. E eles não parecem dever ser substituídos, pelo menos na escala que lhes é própria. A Comissão tricontinental não é um polo de atração popular. As "identificações" com os grandes nomes, com os heróis da história atual, se tornam mais difíceis.[2] Não é entusiasmante consagrar-se a "alcançar a Alemanha", como o presidente francês parece oferecer como finalidade de vida a seus compatriotas. Pois não se trata verdadeiramente de uma finalidade de vida. Esta é deixada à diligência de cada cidadão. Cada qual é entregue a si mesmo. E cada qual sabe que este *si* mesmo é muito pouco.[3]

Desta decomposição dos grandes Relatos, que analisaremos mais adiante, segue-se o que alguns analisam como a dissolução do vínculo social e a passagem das coletividades sociais ao estado de uma massa composta de átomos individuais lançados num absurdo movimento browniano.[4] Isto não é relevante, é um caminho que nos parece obscurecido pela representação paradisíaca de uma sociedade "orgânica" perdida.

O *si* mesmo é pouco, mas não está isolado; é tomado numa textura de relações mais complexa e mais móvel do que nunca. Está sempre, seja jovem ou velho, homem ou mulher, rico ou pobre, colocado sobre os "nós" dos circuitos de comunicação, por ínfimos que sejam.[5] É preferível dizer: colocado nas posições pelas quais passam mensagens de natureza diversa. E ele não está nunca, mesmo o mais desfavorecido, privado de poder sobre estas mensagens que o atravessam posicionando-o, seja na posição de remetente, destinatário ou referente. Pois seu deslocamento em relação a estes efeitos de jogos de linguagem (compreende-se que é deles que se trata) é tolerável pelo menos dentro de certos limites (e mesmo estes são instáveis) e ainda suscitado pelas regulagens, sobretudo pelos reajustamentos através dos quais o sistema é afetado a fim de melhorar suas *performances*. Convém mesmo dizer que o sistema pode e deve encorajar estes deslocamentos, na medida em que luta contra sua própria entropia e que uma novidade correspondente a um "lance" não esperado e ao deslocamento correlato de tal parceiro ou de tal grupo de parceiros que nele se encontra implicado, pode fornecer ao sistema este suplemento de desempenho que ele não cessa de requisitar e de consumir.[6] Compreende-se atualmente em que perspectiva foram propostos anteriormente os jogos de linguagem como método geral de enfoque. Não pretendemos que *toda* relação social seja desta ordem; isto permanecerá aqui uma questão pendente; mas que os jogos de linguagem sejam, por um lado, o mínimo de relação exigido para que haja sociedade, não é necessário que se recorra a uma robinsonada para que se faça admiti-lo; desde antes do seu nascimento, haja vista o nome que lhe é dado, a criança humana já é colocada como referente da história contada por aqueles que a cercam[7] e em relação à qual ela terá mais tarde de se deslocar. Ou mais simplesmente ainda: a questão do vínculo social, como questão, é um jogo de linguagem, o da interrogação, que posiciona imediatamente aquele que a apresenta, aquele a quem ela se dirige, e o referente que ela interroga: esta questão já é assim o vínculo social.

Por outro lado, numa sociedade em que a componente comunicacional torna-se cada dia mais evidente, simultaneamente como realidade e como problema,[8] é certo que o aspecto de linguagem (*langagier*) adquire uma nova importância, que seria superficial reduzir à alternativa tradicional da palavra manipuladora ou da transmissão unilateral de mensagem, por um lado, ou da livre expressão ou do diálogo, por outro lado.

Uma palavra sobre este último ponto. Expondo-se este problema em termos simples de teoria da comunicação, se estaria se esquecendo de duas coisas: as mensagens são dotadas de formas e de efeitos bastante diferentes, conforme forem, por exemplo, denotativas, prescritivas, avaliativas, performativas etc. É certo que elas não operam apenas na medida em que comunicam informação. Reduzi-las a esta função é adotar uma perspectiva que privilegia indevidamente o ponto de vista do sistema e seu único interesse. Pois é a máquina cibernética que funciona pela informação, mas, por exemplo, os fins que lhe são dados quando de sua programação provêm de enunciados prescritivos e avaliativos que ela não corrigirá no curso do funcionamento, por exemplo, a maximização de suas *performances*. Mas como garantir que a maximização das *performances* constitui sempre o melhor fim para o sistema social? Os "átomos" que formam a sua matéria são, em todo caso, competentes em relação a estes enunciados, e notadamente a esta questão.

E, por outro lado, a teoria da informação em sua versão cibernética trivial deixa de lado um aspecto decisivo, já evidenciado, o aspecto agonístico. Os átomos são colocados em encruzilhadas de relações pragmáticas, mas eles são também deslocados pelas mensagens que os atravessam, num movimento perpétuo. Cada parceiro de linguagem sofre por ocasião dos "golpes" que lhe dizem respeito um "deslocamento", uma alteração, seja qual for o seu gênero, e isto não somente na qualidade de destinatário e de referente, mas também como remetente. Esses "golpes" não podem deixar de suscitar "contragolpes"; ora, todo mundo sabe pela experiência que estes últimos não são "bons" se forem apenas reacionais. Pois, então, eles não são senão efeitos programados na estratégia do adversário; eles a realizam e vão assim a reboque de uma modificação, da relação das respectivas forças. Daí a importância que existe em agravar o deslocamento e mesmo em desorientá-lo, de modo a conduzir um "golpe" (um novo enunciado) que não seja esperado.

O que é preciso para compreender desta maneira as relações sociais, em qualquer escala que as consideremos, não é somente uma teoria da comunicação, mas uma teoria dos jogos, que inclua a agonística em seus pressupostos. E já se adivinha que, neste contexto, a novidade requerida não é a simples "inovação". Será encontrada junto a muitos sociólogos da geração contemporânea matéria com que se possa apoiar este enfoque,[9] sem falar de linguistas ou filósofos da linguagem.

Esta "atomização" do social em flexíveis redes de jogos de linguagem pode parecer bem afastada de uma realidade moderna que se representa antes bloqueada pela artrose burocrática.[10] Será invocado pelo menos o peso das instituições que impõem limites aos jogos de linguagem, e assim restringem a inventividade dos parceiros em matéria de lances. Isto não nos parece constituir uma dificuldade particular.

No uso ordinário do discurso, numa discussão entre dois amigos, por exemplo, os interlocutores lançam mão de todos os meios, mudam de jogo entre um enunciado e outro: a interrogação, a súplica, a asserção, o relato são lançados confusamente na batalha. Esta não é desprovida de regra,[11] mas sua regra autoriza e encoraja a maior flexibilidade dos enunciados.

Ora, deste ponto de vista, uma instituição difere sempre de uma discussão no que ela requer de pressões[12] suplementares para que os enunciados sejam declarados admissíveis em seu seio. Estas pressões operam como filtros sobre os poderes de discursos, eles interrompem conexões possíveis sobre as redes de comunicação: há coisas que não devem ser ditas. E elas privilegiam certos tipos de enunciados, por vezes um único, cuja predominância caracteriza o discurso da instituição: há coisas que devem ser ditas e maneiras de dizê-las. Assim: os enunciados de comando nas forças armadas, de prece nas igrejas, de denotação nas escolas, de narração nas famílias, de interrogação nas filosofias, de desempenho nas empresas. A burocratização é o limite extremo desta tendência.

Contudo, esta hipótese sobre a instituição é ainda muito "pesada"; ela parte de uma visão "coisista" do instituído. Hoje, sabemos que o limite que a instituição opõe ao potencial da linguagem em "lances" nunca é estabelecido (mesmo quando ele o é formalmente).[13] Ele mesmo é, antes, o resultado provisório e a disputa de estratégias de linguagem travadas dentro e fora da instituição. Exemplos: o jogo de experimentação sobre a linguagem (a poética) terá seu lugar numa universidade? Podem-se contar histórias no conselho de ministros? Reivindicar numa caserna? As respostas são simples: sim, se a universidade abrir seus ateliers de criação; sim, se os superiores aceitarem deliberar com os soldados. Dito de outro modo: sim, se os limites da antiga instituição forem ultrapassados.[14] Reciprocamente, será dito que eles não se estabilizam a não ser que deixem de ser um desafio.

Acreditamos que é neste espírito que convém abordar as instituições contemporâneas do saber.

NOTAS

1. M. Albert, comissário do Plano francês, escreve: "O Plano é uma repartição de estudos do governo [...]. É também uma grande encruzilhada da nação, encruzilhada onde se agitam ideias, onde se confrontam pontos de vista e onde se formam as mudanças [...]. Não podemos ficar sozinhos. É preciso que outros nos esclareçam [...]" (*L'Expansion*, novembro, 1978). Ver, sobre o problema da decisão, G. Gafgen, *Theorie der wissenschaftlichen Entscheidung*, Tübingen, 1963; L. Sfetz, *Critique de la décision* (1973), Presses de la Fondation Nationale des Sciences Politiques, 1976.

2. Que se observe o declínio de nomes tais como o de Stalin, Mao, Castro como epônimos da revolução há vinte anos. Que se pense no aviltamento da imagem do presidente dos Estados Unidos após o caso Watergate.

3. É um tema central de R. Musil, *Der Mann ohne Eigenschaften* (1930-1933), Humburgo, Rowohlt, t.f. Jacottet, *L'homme sans qualités*. Seuil. 1957. Num comentário livre, J. Bouveresse salienta a afinidade deste tema de "derrelição" do "si mesmo" com a "crise" das ciências no início do século XX e com a epistemologia de E. Mach; cita os seguintes exemplos: "Considerando-se em particular o estado da ciência, um homem não é feito senão do que se diz que ele é ou que se faz com o que ele é [...]. É um mundo no qual os eventos vividos tornam-se independentes do homem [...]. É um mundo do futuro, o mundo daquilo que acontece sem que isto afete ninguém, e sem que ninguém seja responsável" ("La problématique du sujei dans *L'homme sans qualités*", *Noroit* [Arras] 234 & 235 [dezembro 1978-janeiro 1979]; o texto publicado não foi revisto pelo autor).

4. J. Boudrillard, *A l'ombre des majorités silencieuses, ou la fin du social*, Utopie, 1978.

5. É o vocabulário da teoria dos sistemas; por exemplo, Ph. Nemo, *loc. cit.*: "Representamo-nos a sociedade como um sistema, no sentido da cibernética. Este sistema é uma rede de comunicações com encruzilhadas para onde a comunicação converge e de onde é redistribuída [...]."

6. Um exemplo dado por J. P. Garnier, *op. cit.*, 93: "O Centro de informação sobre a inovação social, dirigido por H. Dougier e F. Bloch-Laine, tem por papel recensear, analisar e difundir informações sobre as experiências novas de vida cotidiana (educação, saúde, justiça, atividades culturais, urbanismo e arquitetura etc.). Este banco de dados sobre as "práticas alternativas" presta seus serviços aos órgãos estatais encarregados de esforçar-se para que a "sociedade civil" permaneça uma sociedade civilizada: Comissariado do Plano, Secretariado de ação social, D.A.T.A.R. etc."

7. S. Freud acentuou particularmente esta forma de "predestinação". Ver Marthe Robert, *Roman des origines, origine du roman*. Grasset. 1972.

8. Ver a obra de M. Serres, notadamente os *Hermès* I a IV. Minuit. 1969-77.

9. Por exemplo, E. Goffman, *The Presentation of Self in Everyday Life*, Edinburgh, U. of Edinburgh P., 1956, t.f. Accardo, *La mise en scène de la vie quotidienne* (1. *La presentation de soi)*. Minuit. 1973; A. W. Gouldner, *op. cit.*, cap. 10; A. Touraine, *La voix et le regard*. Seuil, 1978; *id. et al.*, *Lutte étudiante*, Seuil, 1978; M. Callon, "Sociologie des techniques?". *Pandore* 2 (fevereiro 1979), 28-52; P. Watzlawick *et al.*, *op. cit.*

10. Ver p. 46, nota 5. O tema da burocratização geral como futuro das sociedades modernas foi desenvolvido inicialmente por B. Rizzo. *La Bureaucratisation du monde*. Paris, 1939.

11. Ver H. P. Grice, "Logic and Conversation", in P. Cole & J. J. Morgan, ed., *Speech Acts III, Syntax and Semantics*. N.Y., Academic P. 1975, 59-82.

12. *Contraintes*. (*N. do T.*)

13. Para um enfoque fenomenológico do problema, ver em M. Merleau-Ponty (Cl. Lefort, ed.). *Résumés de cours*. Gallimard. 1968, o curso do ano 1954-1955. Para um enfoque psicossociológico, R. Loureau, *L'analyse institutionnelle*, Minuit. 1970.

14. M. Callon, *loc. cit.*, 30: "A sociológica é o movimento pelo qual os atores constituem e instituem diferenças, fronteiras entre o que é social e o que

não o é, o que é técnico e não o é, e o que é imaginário e o que é real: o traçado destas fronteiras é uma disputa e nenhum consenso, salvo em caso de dominação, é realizável." Comparar com o que A. Touraine chama de "sociologia permanente", *La voix ei le regard, loc. cit.*

6. Pragmática do saber narrativo

À aceitação sem exame de um conceito instrumental do saber nas sociedades mais desenvolvidas, fizemos anteriormente (seção 1) duas objeções. O saber não é a ciência, sobretudo em sua forma atual; e esta, longe de poder ocultar o problema de sua legitimidade, não pode deixar de apresentá-lo em toda sua amplitude, que não é menos sociopolítica que epistemológica. Precisemos, de início, a natureza do saber narrativo; este exame permitirá, por comparação, discernir melhor pelo menos certas características da forma de que se reveste o saber científico na sociedade contemporânea. Ajudará também a compreender como se considera hoje, e como não se considera mais, a questão da legitimidade.

O saber em geral não se reduz à ciência, nem mesmo ao conhecimento. O conhecimento seria o conjunto dos enunciados que denotam ou descrevem objetos,[1] excluindo-se todos os outros enunciados, e suscetíveis de serem declarados verdadeiros ou falsos. A ciência seria um subconjunto do conhecimento. Feita também de enunciados denotativos, ela imporia duas condições suplementares à sua aceitabilidade: que os objetos aos quais eles se referem sejam acessíveis recursivamente, portanto, nas condições de observação explícitas; que se possa decidir se cada um destes enunciados pertence ou não pertence à linguagem considerada pertinente pelos *experts*.[2]

Mas pelo termo saber não se entende apenas, é claro, um conjunto de enunciados denotativos; a ele misturam-se as ideias de saber-fazer, de saber-viver, de saber-escutar etc. Trata-se então de uma competência que excede a determinação e a aplicação do critério único de verdade, e que se estende às determinações e aplicações dos critérios de eficiência (qualificação técnica), de justiça e/ou de felicidade (sabedoria ética), de beleza sonora, cromática (sensibilidade auditiva, visual) etc. Assim compreendido, o saber é aquilo que torna alguém capaz de proferir "bons" enunciados denotativos, mas também "bons" enunciados prescritivos, avaliativos... Não consiste numa competência que abranja determinada espécie de enunciados, por exemplo, os cognitivos, à exclusão de outros. Ao contrário, permite "boas" *performances* a respeito de vários objetos de discursos: a se conhecer, decidir, avaliar, transformar... Daí resulta uma de suas principais características: coincide com uma "formação" considerável de competências, é a forma única encarnada em um sujeito constituído pelas diversas espécies de competência que o compõem.

Uma outra característica a assinalar é a afinidade de determinado saber com os costumes. Com efeito, o que é um "bom" enunciado prescritivo ou avaliativo senão uma "boa" *performance* em matéria denotativa ou técnica? Uns e outros são julgados "bons" porque estão de acordo com os critérios pertinentes (respectivamente, de justiça, beleza, verdade e eficiência) admitidos no meio formado pelos interlocutores daquele que sabe (*sachant*). Os primeiros filósofos[3] chamaram de opinião este modo de legitimação dos enunciados. O consenso que permite circunscrever tal saber e discriminar aquele que sabe daquele que não sabe (o estrangeiro, a criança) é o que constitui a cultura de um povo.[4]

Este breve sumário acerca do que o saber pode ser como formação e como cultura é baseado em descrições etnológicas.[5] Mas uma antropologia e uma literatura voltadas para as sociedades em desenvolvimento rápido detectam-lhe a persistência pelo menos em certos setores.[6] A própria ideia de desenvolvimento pressupõe o horizonte de um não desenvolvimento, supondo-se que as diversas competências estão envolvidas na unidade de uma tradição e não se dissociam em qualificações que seriam objeto de inovações, debates e exames específicos. Esta oposição não implica necessariamente uma mudança de natureza na situação do saber entre "primitivos" e "civilizados".[7] Ela é compatível com a tese da identidade formal entre "pensamento selvagem" e "pensamento científico",[8] e mesmo com aquela, aparentemente contrária à precedente, de uma superioridade do saber que vem dos costumes sobre a dispersão contemporânea das competências.[9]

Pode-se dizer que todos os observadores, seja qual for o cenário que eles proponham para dramatizar e compreender o distanciamento entre este estado habitual (*coutumier*) do saber e aquele que é o seu na idade das ciências, estão de acordo quanto a um fato: a preeminência da forma narrativa na formulação do saber tradicional. Uns tratam esta forma em si mesma,[10] outros a veem como a vestimenta em diacronia dos operadores estruturais que, segundo eles, constituem propriamente o saber que se encontra em jogo;[11] outros ainda lhe dão uma interpretação "econômica" no sentido freudiano.[12] Não é preciso reter de tudo isto senão o fato da forma narrativa. O relato é a forma por excelência deste saber, e isto em muitos sentidos.

Primeiro, estas histórias populares contam o que se pode chamar de formações (*Bildungen*) positivas ou negativas, isto é, os sucessos ou os fracassos que coroam as tentativas dos heróis; e estes sucessos ou fracassos ou dão sua legitimidade às instituições da sociedade (função dos mitos), ou representam modelos positivos ou negativos (heróis felizes ou infelizes) de integração às instituições estabelecidas (lendas, contos). Estes relatos permitem então, por um lado, definir os critérios de competência que são os da sociedade nas quais eles são contados, e, por outro lado, avaliar, graças a estes critérios, as *performances* que aí se realizam, ou podem se realizar.

Em segundo lugar, a forma narrativa, diferentemente das formas desenvolvidas dos discursos de saber, admite nela mesma uma pluralidade de jogos de linguagem: encontram facilmente lugar no relato dos enunciados denotativos, que versam, por exemplo, sobre o céu, as estações, a flora e a fauna; dos enunciados deônticos que prescrevem o que deve ser feito quanto a estes mesmos referentes ou quanto ao parentesco, à diferença dos sexos, às crianças, aos vizinhos, aos estrangeiros etc.; dos enunciados interrogativos que estão implicados, por exemplo, nos episódios de desafio (responder a uma questão, escolher um elemento em um lote); dos enunciados avaliativos etc. As competências cujos critérios o relato fornece ou aplica encontram-se aí misturadas umas às outras num tecido cerrado, o do relato, e ordenadas numa perspectiva de conjunto, que caracteriza este gênero de saber.

Examinaremos um pouco mais longamente uma terceira propriedade, relativa à transmissão destes relatos. Sua narração obedece frequentemente a regras que lhe fixam a pragmática. Isto não significa que por instituição determinada sociedade confere o papel de narrador a tal categoria de idade, sexo, grupo familiar ou profissional. Queremos falar de uma pragmática dos relatos populares que lhe é, por assim dizer, intrínseca. Por exemplo, um contador de histórias cashinahua[13] sempre começa sua narrativa por uma forma fixa: "Eis aqui a história de [...], tal como sempre a ouvi. Eu vou contá-la por minha vez, escutai." E ele a encerra com uma outra fórmula igualmente invariável: "Aqui termina a história de [...] Aquele que a contou a vocês é [...] (nome cashinahua), entre os brancos [...] (nome espanhol ou português)."[14]

Uma análise sumária desta dupla instrução pragmática revela o seguinte: o narrador não pretende manifestar sua competência em contar a história, mas apenas pelo fato de dela ter sido um ouvinte. O narratário atual, ouvindo-o, eleva-se potencialmente à mesma autoridade. Declara-se o relato como exposto (mesmo se a *performance* narrativa for fortemente inventiva) e exposto "desde sempre": seu herói, que é cashinahua, foi então, ele também, narratário e talvez narrador deste mesmo relato. Devido a esta similitude de condição, o próprio narrador atual pode ser o herói de um relato, como o foi o Antigo. Com efeito, ele o é, necessariamente, pois leva um nome, revelado ao final de sua narração, que lhe foi atribuído conforme o relato canônico que legitima a distribuição cashinahua dos nomes de família (patronímicos).

A regra pragmática ilustrada por este exemplo não é evidentemente universalizável.[15] Mas ela fornece um indicativo de uma propriedade geralmente atribuída ao saber tradicional: os "postos" narrativos (remetente, destinatário, herói) são de tal modo distribuídos que o direito de ocupar um deles, o de remetente, fundamenta-se sobre o duplo fato de ter ocupado o outro, o de destinatário, e de ter sido, pelo nome que se tem, já contado por um relato, quer dizer, colocado em posição de referente diegético de outras ocorrências narrativas.[16] O saber que estas narrações veiculam, longe de se ater exclusivamente às funções de enunciação, determina assim ao mesmo tempo o que é preciso dizer para ser entendido, o que é preciso escutar para poder falar e o que é preciso representar (sobre a cena da realidade diegética) para poder se constituir no objeto de um relato.

Os atos de linguagem[17] que são pertinentes para este saber não são portanto efetuados somente pelo interlocutor, mas também pelo ouvinte e ainda pelo terceiro do qual se fala. O saber que se desprende de um tal dispositivo pode parecer "compacto", em oposição àquele que chamamos de "desenvolvido". Deixa perceber claramente como a tradição dos relatos é ao mesmo tempo a dos critérios que definem uma tríplice competência — saber-dizer, saber-ouvir, saber-fazer — em que se exercem as relações da comunidade consigo mesma e com o que a cerca. O que se transmite com os relatos é o grupo de regras pragmáticas que constitui o vínculo social.

Um quarto aspecto deste saber narrativo mereceria ser examinado com cuidado. Trata-se de sua incidência sobre o tempo. A forma narrativa obedece a um ritmo, é a síntese de um metro que marca o tempo em períodos regulares e com um acento que modifica o comprimento ou a amplitude de algumas dentre elas.[18] Esta propriedade vibratória e musical torna-se evidente na execução ritual de alguns contos cashinahua: transmitidos nestas condições iniciáticas, de uma forma absolutamente fixa, numa linguagem que torna obscuros os desregramentos lexicais e sintáticos que se lhe inflige, são cantados em intermináveis melopeias.[19] Estranho saber, será dito, que nem ao menos se faz compreender pelos jovens a quem se dirige!

É entretanto um saber muito comum, o das cantigas infantis, aquele que as músicas repetitivas em nossos dias tentaram reencontrar ou, pelo menos, dele se aproximar. Apresenta uma propriedade surpreendente: à medida que o metro prevalece sobre o acento nas ocorrências sonoras, faladas ou não, o tempo deixa de ser o suporte da memorização e torna-se uma cadência imemorial que, na ausência de diferenças observáveis entre os períodos, impede de enumerá-los e os relega ao esquecimento.[20]

Se interrogarmos a forma dos ditos, provérbios e máximas que são como que pequenos fragmentos de relatos possíveis, ou matrizes de relatos antigos e que continuam ainda a circular em certos patamares do edifício social contemporâneo, reconheceremos na sua prosódia a marca desta bizarra temporalização que se choca em cheio com a regra de ouro do nosso saber: não esquecer.

Ora, deve haver uma congruência entre, por um lado, esta função letal do saber narrativo e, por outro, entre as funções de formação de critérios, de unificação de competências e de regulagem social que citamos anteriormente. A título de imaginação simplificadora, pode-se supor que uma coletividade que faz do relato a forma-chave da competência não possui, contrariamente a toda expectativa, necessidade de poder lembrar-se do seu passado. Ela encontra a matéria de seu vínculo social não apenas na significação dos relatos que ela conta, mas no ato de recitá-los. A referência dos relatos pode parecer que pertence ao tempo passado, mas ela é, na realidade, sempre contemporânea deste ato. É o ato presente que desdobra, cada vez, a temporalidade efêmera que se estende entre o *Eu ouvi dizer* e o *Vocês vão ouvir*.

O importante nos protocolos pragmáticos desta espécie de narração é que eles marcam a identidade de princípio de todas as ocorrências do relato. Ele pode ser irrelevante, o que acontece frequentemente, mas não se deve dissimular o que existe de humor ou de angústia no respeito desta etiqueta. Em suma, a importância é dada à cadência métrica das ocorrências do relato e não à diferença de tom de cada *performance*. É assim que se pode chamar esta temporalidade simultaneamente de evanescente e imemorial.[21]

Enfim, assim como não tem necessidade de se lembrar do seu passado, uma cultura que concede a preeminência à forma narrativa, sem dúvida não tem mais necessidade de procedimentos especiais para autorizar seus relatos. Mal se imagina, de início, que ela isola a instância narrativa das outras para lhe conceder um privilégio na pragmática dos relatos; que em seguida ela se interroga sobre o direito que o narrador, assim desconectado do narratário e da diegese, teria de contar o que ele conta; enfim, que ela empreende a análise ou a anamnese de sua própria legitimidade. Imagina-se ainda menos que ela possa atribuir a um incompreensível sujeito da narração a autoridade sobre os relatos. Eles possuem esta autoridade por si mesmos. O povo não é, num sentido, senão o que os atualiza, e ainda o faz não somente contando-os, mas também ouvindo-os e fazendo-os contar por eles, isto é, "encenando-os" em suas instituições: assim, tanto colocando-se nos postos do narratário e da diegese, como do narrador.

Existe assim uma incomensurabilidade entre a pragmática narrativa popular, que é por si legitimante, e este jogo de linguagem conhecido do Ocidente que é a questão da legitimidade ou, antes, a legitimidade como referente do jogo interrogativo. Os relatos, já o vimos, determinam os critérios de competência e/ou ilustram a sua aplicação. Eles definem assim o que se tem o direito de dizer e de fazer na cultura e, como também eles são uma parte desta, encontram-se desta forma legitimados.

NOTAS

1. Aristóteles circunscreve o objeto do saber definindo o que ele chama de *apophantikos*: "Todo discurso significa alguma coisa (*sémantikos*), mas todo discurso não é denotativo (*apophantikos*): só o é aquele ao qual cabe dizer do verdadeiro ou falso. Ora, isto não se produz em todos os casos: a prece, por exemplo, é um discurso, mas ela não é nem verdadeira nem falsa" (*Péri herménèias* 4, 17 a).

2. Ver K. Popper, *Logik der Forschung*, Viena, Springer, 1935; tf. Thyssen--Rutten & Devaux, *La logique de la découverte scientifique*, Payot, 1973; *id.*, "Normal Science and its Dangers", in I. Lacatos e A. Musgrave, eds., *Criticism and the Growth of Knowledge*, Cambridge (G.B.) U.P., 1, 1970.

3. Ver Jean Beaufret, *Le poème de Parménide*, P.U.F., 1955.

4. No sentido de *Bildung* ainda (inglês: *culture*), tal como foi difundido pelo culturalismo. O termo é pré-romântico e romântico; cf. o *Volksgeist* de Hegel.

5. Ver a escola culturalista americana: C. DuBois, A. Kardiner, R. Linton, M. Mead.

6. Ver o surgimento dos folclores europeus a partir do final do século XVIII em relação com o romantismo: estudos dos irmãos Grimm, de Vuk Karadic (contos populares sérvios) etc.

7. Era esta, sumariamente, a tese de L. Léyy-Bhrul, *La mentalité primitive*. Alcan, 1922.

8. Cl. Lévi-Strauss, *La pensée sauvage*, Plon, 1962.

9. R. Jaulin, *La paix blanche*, Seuil, 1970.

10. VI. Propp. "Morphology of the Folktale", *International Journal of Linguistics* 24, 4 (outubro 1958); t.f. M. Derrida, Todorov & Kahn, *Morphologie du conte*, Paris. Seuil, 1970.

11. Cl. Lévi-Strauss, "La structure des mythes" (1955), in *Anthropologie structural*. Pion, 1958; *id.*, "La structure de la forme. Réflexions sur un ouvrage de Vladimir Propp". *Cahiers de L'Institut de science économique appliquée* 99, série M. 7 (março 1960).

12. Geza Roheim, *Psychoanalysis and Anthropology*, N.Y., 1950; t.f., *Psychanalyse et antropologie*. Paris. 1967.

13. André M. d'Ans, *Le dit des vrais hommes*, 10/18, 1978.

14. *ibid., 7.*

15. Nós a mantivemos por causa da "etiqueta" pragmática que envolve a transmissão dos relatos e da qual o antropólogo nos informa com cuidado. Ver P. Clastres. *Le grand Parler. Mythes et chants sacrés des Indiens Guarani*, Seuil, 1974.

16. Para uma narratologia que faz intervir a dimensão pragmática, ver G. Genette, *Figures III*, Seuil, 1972,

17. Cf. nota 34.

18. A relação metro/acento que faz e desfaz o ritmo está no centro da reflexão hegeliana sobre a especulação. Ver *Phénomenologie de l'Esprit*, Prefácio. § IV.

19. Estas informações são devidas à cortesia de A. M. d'Ans, a quem agradeço.

20. Ver as análises de D. Charles, *Le temps et la voix*, Delarge, 1978. E de Dominique Avron, *L'appareil musical*, 10/18. 1978.

21. Ver Mircea Eliade, *Le mythe de l'eternel retour: Archétypes et répétitions*, Gallimard, 1949.

7. Pragmática do saber científico

Tentemos caracterizar, mesmo que sumariamente, a pragmática do saber científico tal como ela emerge da concepção clássica deste saber. Poderá se distinguir o jogo da pesquisa e o do ensino.

Copérnico declara que a trajetória dos planetas é circular.[1] Que a proposição seja verdadeira ou falsa, ela comporta um conjunto de tensões e cada uma influencia sobre cada um dos postos pragmáticos que ela coloca em jogo — remetente, destinatário, referente. Estas "tensões" são tipos de prescrições que regulam a aceitabilidade do enunciado como "de ciência".

Inicialmente, supõe-se que o remetente diz a verdade a propósito do referente, a trajetória dos planetas. O que isto significa? Que se supõe seja ele capaz de, por um lado, reunir as provas do que diz e, por outro lado, refutar qualquer enunciado contrário ou contraditório versando sobre o mesmo referente.

Em seguida, supõe-se que o destinatário pode conceder validamente o seu consentimento (ou recusá-lo) do enunciado que ele ouve. Isto implica que ele mesmo é potencialmente um remetente, pois, quando formula seu assentimento ou seu dissentimento, será submetido à mesma dupla exigência de provar ou refutar que o remetente atual, Copérnico. Supõe-se assim que ele reúna potencialmente as mesmas qualidades que este:

ele é seu par. Mas não o saberá, a não ser quando falar, e nestas condições. Antes disto ele não poderá ser considerado alguém que efetivamente conheça a matéria.

Em terceiro lugar, o referente, a trajetória dos planetas da qual fala Copérnico, supõe-se "expressa" pelo enunciado conforme o que ela é. Mas, como não se pode saber o que é senão por enunciados da mesma ordem que os de Copérnico, a regra da adequação constitui um problema: o que eu digo é verdadeiro porque o provo; mas o que prova que a minha prova é verdadeira?

A solução científica desta dificuldade consiste na observância de uma dupla regra. A primeira é dialética ou mesmo retórica de tipo judiciário:[2] é referente o que pode fornecer matéria comprobatória no debate. Não é isso: posso provar porque a realidade é como eu a digo; mas, quando posso provar, é permitido pensar que a realidade é como eu a digo.[3] A segunda é metafísica: o mesmo referente não pode fornecer uma pluralidade de provas contraditórias ou inconsistentes; ou ainda: "Deus" não é falacioso.[4]

Esta dupla regra sustenta o que a ciência do século XIX chama verificação, e a do século XX, falsificação.[5] Ela permite dar ao debate dos parceiros, remetente e destinatário, o horizonte do consenso. Todo consenso não é indicativo de verdade; mas supõe-se que a verdade de um enunciado não pode deixar de suscitar o consenso.

Isto quanto à investigação. Vê-se que ela faz apelo ao ensino como seu complemento necessário. Pois é necessário ao cientista um destinatário que possa, por sua vez, ser um remetente, que seja um parceiro. Senão a verificação do seu enunciado é impossível por falta de um debate contraditório, que a não renovação das competências terminaria por tornar impossível. E não é somente a verdade do seu enunciado mas sua própria competência que está em jogo neste debate; pois a competência não é nunca adquirida, ela depende do enunciado proposto ser ou não considerado discutível numa sequência de argumentações e de refutações entre pares. A verdade do enunciado e a competência do enunciador são assim submetidas ao assentimento da coletividade de iguais em competência. É preciso, portanto, formar iguais.

A didática assegura esta reprodução. Ela é diferente do jogo dialético da pesquisa. Resumindo, seu primeiro pressuposto é que o destinatário, o estudante, não sabe o que sabe o remetente; com efeito, é por esta razão que existe algo a se aprender. Seu segundo pressuposto é o de que ele pode aprender e tornar-se um *expert* da mesma competência que seu mestre.[6] Esta dupla exigência supõe uma terceira: existem enunciados a respeito dos quais a troca de argumentos e a administração das provas que formam a pragmática da pesquisa são consideradas como tendo sido suficientes e que podem assim ser transmitidas de saída a título de verdades indiscutíveis no ensino.

Em outras palavras, ensina-se o que se sabe: eis o *expert*. Mas, à medida que o estudante (o destinatário da didática) melhora sua competência, o *expert* pode colocá-lo a par do que ele não sabe mas busca saber (se pelo menos o *expert* for, por outro lado, um pesquisador). O estudante é assim introduzido na dialética dos pesquisadores, isto é, no jogo da formação do saber científico.

Se se compara esta pragmática à do saber narrativo, serão notadas as seguintes propriedades:

1. O saber científico exige o isolamento de um jogo de linguagem, o denotativo; e a exclusão dos outros. O critério de aceitabilidade de um enunciado é o seu valor de verdade. Encontram-se com certeza outras classes de enunciados, como a interrogação ("Como explicar que...?") e a prescrição ("Seja uma série enumerável de elementos [...]"); eles

são apenas suportes na argumentação dialética; esta deve terminar em um enunciado denotativo.[7] Assim, se é um erudito (neste sentido) se se pode proferir um enunciado verdadeiro a respeito de um referente; e cientista se se pode proferir enunciados verificáveis ou falsificáveis a respeito de referentes acessíveis aos *experts*.

2. Este saber encontra-se assim isolado dos outros jogos de linguagem cuja combinação forma o vínculo social. Em relação ao saber científico, ele não é mais uma componente imediata e partilhada como o é o saber narrativo. É uma componente indireta, porque se torna uma profissão e dá lugar a instituições, sendo que nas sociedades modernas os jogos de linguagem se reagrupam sob a forma de instituições animadas pelos participantes qualificados, os profissionais. A relação entre o saber e a sociedade (quer dizer, entre o conjunto dos participantes na agonística geral, enquanto eles não são profissionais da ciência) exterioriza-se. Um novo problema aparece, o da relação entre instituição científica e sociedade. Poderia o problema ser resolvido pela didática, por exemplo, segundo o pressuposto de que todo átomo social pode adquirir competência científica?

3. No seio do jogo da pesquisa, a competência requerida versa unicamente sobre a posição do enunciador. Não existe competência particular como destinatário (ela não é exigível senão na didática: o estudante deve ser inteligente). E não existe nenhuma competência como referente. Mesmo se se trata de ciências humanas, o referente que é então determinado aspecto do comportamento humano, é em princípio colocado na exterioridade em relação aos parceiros da dialética científica. Não existe aqui, como no narrativo, algo como saber ser o que o saber diz que se é.

4. Um enunciado de ciência não extrai nenhuma validade do que é relatado. Mesmo em matéria de pedagogia, não é ensinado senão enquanto é sempre presentemente verificável por argumentação e prova. Em si, não está nunca ao abrigo de uma "falsificação".[8] Desta maneira, o saber acumulado em enunciados aceitos anteriormente pode sempre ser recusado. Mas, ao contrário, todo novo enunciado, se for contraditório em relação a um enunciado anteriormente admitido que verse sobre o mesmo referente, não poderá ser aceito como válido a não ser que refute o enunciado precedente com argumentos e provas.

5. O jogo de ciência implica então uma temporalidade diacrônica, isto é, uma memória e um projeto. Supõe-se que o remetente atual de um enunciado científico tenha conhecimento dos enunciados precedentes que dizem respeito a seu referente (bibliografia) e não proponha um enunciado sobre este mesmo assunto, a não ser que ele difira dos enunciados precedentes. O que se chamou de "acento" de cada *performance* é aqui privilegiado em relação ao "metro", e ao mesmo tempo à função polêmica deste jogo. Esta diacronia supondo a memorização e a pesquisa do novo delineia em princípio um processo cumulativo. O "ritmo" deste, que é a relação entre acento e metro, é variável.[9]

Estas propriedades são conhecidas. Todavia, elas merecem ser lembradas por duas razões. De início, o paralelismo da ciência com o saber não científico (narrativo) faz compreender, pelo menos sentir, que a existência da primeira é tão necessária quanto a da segunda, e não menos. Uma e outra são formadas por conjuntos de enunciados; estes são "lances" apresentados por jogadores no quadro das regras gerais; estas regras são específicas de cada saber, e os "lances", considerados bons aqui ou ali, não podem ser da mesma espécie, salvo por acaso.

Não se poderia assim julgar nem sobre a existência nem sobre o valor do narrativo a partir do científico, nem o inverso: os critérios pertinentes não são os mesmos para um ou outro. Há, apenas, que se admirar com esta variedade de espécies discursivas, como se faz com as espécies vegetais e animais. Lamentar-se sobre "a perda do sentido" na pós-modernidade seria deplorar que o saber não seja mais principalmente narrativo. É uma inconsequência. Uma outra não é menor: a de querer derivar ou engendrar (por operadores tais como o desenvolvimento etc.) o saber científico a partir do saber narrativo, como se este contivesse aquele em estado embrionário.

No entanto, como as espécies vivas, as espécies de linguagem têm relações entre elas, e estas relações estão longe de ser harmoniosas. A outra razão que pode justificar o relato sumário das propriedades do jogo de linguagem da ciência refere-se precisamente à sua relação com o saber narrativo. Dissemos que este último não valoriza a questão de sua própria legitimação; ele autoriza-se a si mesmo pela pragmática de sua transmissão sem recorrer à argumentação e à administração de provas. Por isso acrescenta à sua incompreensão dos problemas do discurso científico uma tolerância determinada a seu respeito: considera-o de início uma variedade na família das culturas narrativas.[10] O inverso não é verdadeiro. O cientista interroga-se sobre a validade dos enunciados narrativos e constata que eles não são nunca submetidos à argumentação e à prova.[11] Ele os classifica conforme outra mentalidade: selvagem, primitivo, subdesenvolvido, atrasado, alienado, feito de opiniões, de costumes, de autoridade, de preconceitos, de ignorâncias, de ideologias. Os relatos são fábulas, lendas, mitos bons para as mulheres e as crianças. Nos melhores casos, tentar-se-á fazer penetrar a luz neste obscurantismo, civilizar, educar, desenvolver.

Esta relação desigual é um efeito intrínseco das regras próprias a cada jogo. Conhecem-se os seus sintomas. É toda a história do imperialismo cultural desde os inícios do Ocidente. É importante reconhecer o seu teor, que o distingue de todos os outros: está comandado pela exigência de legitimação.

NOTAS

1. O exemplo é tirado de Frege, "Ueber Sinn und Bedeutung" (1892); t. ing. "On Sense and Reference", *Philosophical Writings*, Oxford, Blackwell, 1960.

2. Br. Latour, "La rhétorique du discours scientifique", *Actes de la recherche en sciences sociales* 13 (março 1977).

3. G. Bachelard, *Le nouvel esprit scientifique*, P.U.F., 1934.

4. Descartes, *Méditations métaphysiques* 1641, Meditação IV.

5. Ver, por exemplo, K. Hempel, *Philosophy of Natural Science*, Giowood Cliffs (N. J.), Prentice Hall, 1966; t.f. Saint-Sernin, *Eléments d'epistémologie*, Armand Colin, 1972.

6. Não se podem abordar aqui as dificuldades que esta dupla pressuposição suscita. Ver Vincent Descombes, *L'inconscient malgré lui*, Minuit, 1977.

7. Esta observação mascara uma dificuldade importante, que apareceria também no exame da narração: a que concerne a distinção entre jogo de linguagem e gênero de discurso. Não a estudaremos aqui.

8. No sentido indicado na nota 5 deste capítulo.

9. Th. Kuhn, *The Structure of Scientific Revolutions*, Chicago U.P., 1962; t.f. *La structure des revolutions scientifiques*, Flammarion, 1972.

10. Cf. a atitude das crianças nas suas primeiras aulas de ciências, ou a maneira como os aborígines interpretam as explicações dos etnólogos (ver Lévi-Strauss, *La pensée sauvage, loc. cit.*, cap. 1, "La science du concret").

11. É assim que Métraux diz a Clastres: "Para poder estudar uma sociedade primitiva, é preciso que ela já esteja um pouco decomposta." É preciso, com efeito, que o informador indígena possa examiná-lo com o olho de um etnólogo, colocando-se a questão do funcionamento de suas instituições e, portanto, de sua legitimidade. Refletindo sobre seu fracasso junto à tribo dos Aché, Clastres conclui: "E por isso, num mesmo movimento, os Aché recebiam os presentes que não pediam e recusavam as tentativas de diálogo porque estavam suficientemente fortes para precisar disto: começaríamos a falar quando eles estivessem doentes." (Citado por M. Cartry, "Pierre Clastres", *Libre* 4 [1978].)

8. A função narrativa e a legitimação do saber

Este problema da legitimação não é mais considerado hoje uma fraqueza no jogo de linguagem da ciência. Seria mais justo dizer que ele é por si mesmo legitimado como problema, isto é, como instrumento heurístico. Mas esta maneira de tratá-lo, por inversão, é recente. Antes de se chegar a ela (isto é, ao que alguns chamam de positivismo), o saber científico pesquisou outras soluções. É de admirar que por tanto tempo estas soluções não tenham podido evitar o recurso a processos que, abertamente ou não, se relacionam ao saber narrativo.

Este retorno do narrativo ao não narrativo, sob uma forma ou outra, não deve ser considerado ultrapassado para sempre. Uma prova grosseira: que fazem os cientistas chamados à televisão, entrevistados nos jornais, após alguma "descoberta"? Eles contam a epopeia de um saber que, entretanto, é totalmente não épica. Satisfazem assim às regras do jogo narrativo, cuja pressão não somente junto aos usuários da mídia, mas em seu foro interior, permanece considerável. Ora, um fato como este não é trivial nem secundário: diz respeito à relação entre saber científico e saber "popular" ou o que disto resta. O Estado pode despender muito para que a ciência possa figurar como uma epopeia: através dela ele ganha credibilidade, cria o assentimento público de que seus próprios decisores têm necessidade.[1]

Não está assim excluído que o recurso ao narrativo seja inevitável; ao menos na medida em que o jogo de linguagem da ciência zele pela verdade dos seus enunciados e que ele não possa legitimá-la por seus próprios meios. Neste caso, seria preciso reconhecer uma necessidade de história irredutível, compreendendo-a, como já esboçamos, não como uma necessidade de recordar-se e de projetar (necessidade de historicidade, necessidade de "acento"), mas, ao contrário, como uma necessidade de esquecimento (necessidade de "metro") (seção 6).

É no entanto prematuro chegar a este ponto. Mas se terá presente ao espírito, no correr das considerações seguintes, a ideia de que as soluções aparentemente em desuso que puderam ser dadas ao problema da legitimação não o são em princípio, mas somente nas expressões que tomaram, e que não é de espantar ao vê-las persistir hoje sob outras formas. Nós mesmos não temos necessidade, neste momento, de preparar um relato do saber científico ocidental para precisar seu estatuto?

Desde os seus inícios, o jogo de linguagem apresenta o problema de sua própria legitimidade, como em Platão. Este não é o lugar de se fazer a exegese das passagens dos *Diálogos* em que a pragmática da ciência coloca-se explicitamente como tema ou implicitamente como pressuposto. O jogo do diálogo, com suas exigências específicas, a resume, incluindo em si mesmo a dupla função de pesquisa e ensino. Reencontramos aqui algumas regras anteriormente enumeradas: a argumentação unicamente com fins de consenso (*homologia*), a unicidade do referente como garantia da possibilidade de chegar a um acordo, a paridade dos participantes, e mesmo o reconhecimento indireto de que se trata de um jogo e não de um destino, visto que dele encontram-se excluídos todos aqueles que não aceitam suas regras, por fraqueza ou por insensibilidade.[2]

Acontece que a questão da legitimidade do próprio jogo, considerando-se sua natureza científica, deve também fazer parte das questões que são levantadas no diálogo. Um exemplo conhecido, e importante, à medida que articula sem dificuldade esta questão à da autoridade sociopolítica, é dado nos livros VI e VII da *República*. Ora, sabe-se que a resposta consiste, pelo menos em parte, num relato, a alegoria da caverna, que conta por que e como os homens querem relatos e não reconhecem o saber. Este encontra-se assim fundado pelo relato de seu martírio.

Há mais, porém: é em sua própria forma, os *Diálogos* escritos por Platão, que o esforço de legitimação entrega as armas à narração; pois cada um deles assume sempre a forma do relato de uma discussão científica. Que a história do debate seja mais mostrada do que relatada, mais encenada do que narrada,[3] e assim refira-se mais ao trágico que ao épico, importa pouco aqui. O fato é que o discurso platônico que inaugura a ciência não é científico, e isto à medida que pretende legitimá-la. O saber científico não pode saber e fazer saber que ele é o verdadeiro saber sem recorrer ao outro saber, o relato, que é para ele o não saber, sem o que é obrigado a se pressupor a si mesmo e cai assim no que ele condena, a petição de princípio, o preconceito. Mas não cairia também nisto valendo-se do relato?

Não vamos aqui acompanhar esta recorrência do narrativo no científico através dos discursos de legitimação deste último, que são, pelo menos em parte, as grandes filosofias antigas, medievais e clássicas. É um tormento contínuo.

Um pensamento tão incisivo como o de Descartes não pode expor a legitimidade da ciência a não ser no que Valéry chamava a história de um espírito[4] ou ainda nesta espécie de romance de formação (*Bildungsroman*) que é o *Discurso do método*. Aristóteles sem dúvida foi um dos mais modernos isolando a descrição das regras às quais é preciso submeter os enunciados que se declaram como científicos (o *Organon*), da pesquisa de sua legitimidade num discurso sobre o Ser (a *Metafísica*). E mais ainda sugerindo que a linguagem científica, inclusive em sua pretensão de definir o ser do referente, não é feita senão de argumentações e de provas, isto é, de dialética.[5]

Com a ciência moderna, duas novas componentes aparecem na problemática da legitimação. De início, para responder à questão: como provar a prova?, ou, mais geralmente: quem decide sobre o que é verdadeiro?, desvia-se da busca metafísica de uma prova primeira ou de uma autoridade transcendente, reconhece-se que as condições do verdadeiro, isto é, as regras de jogo da ciência, são imanentes a este jogo, que elas não podem ser estabelecidas de outro modo a não ser no seio de um debate já ele mesmo científico, e que não existe outra prova de que as regras sejam boas, senão o fato de elas formarem o consenso dos *experts*.

Esta disposição geral da modernidade em definir os elementos de um discurso num discurso sobre estes elementos combina-se com o restabelecimento da dignidade das culturas narrativas (populares), já no humanismo renascentista, e diversamente no iluminismo, no *Sturm und Drang*, na filosofia idealista alemã, na escola histórica na França. A narração deixa de ser um lapso da legitimação. Este apelo explícito ao relato na problemática do saber é concomitante à emancipação dos burgueses em relação às autoridades tradicionais. O saber dos relatos retorna no Ocidente para fornecer uma solução à legitimação das novas autoridades. É natural que, numa problemática narrativa, esta questão espere a resposta de um nome de herói: *quem* tem o direito de decidir pela sociedade? Qual é o sujeito cujas prescrições são as normas para aqueles que elas obrigam?

Este modo de interrogar a legitimidade sociopolítica combina-se com a nova atitude científica: o nome do herói é o povo, o sinal da legitimidade, seu consenso, a deliberação, seu modo de normativação. Disto resulta infalivelmente a ideia de progresso; ela não representa outra coisa senão o movimento pelo qual se supõe que o saber se acumula, mas este movimento estende-se ao novo sujeito sociopolítico. O povo está em debate consigo mesmo sobre o que é justo e injusto, da mesma maneira que a comunidade dos cientistas sobre o que é verdadeiro e falso; o povo acumula as leis civis, como os cientistas acumulam as leis científicas; o povo aperfeiçoa as regras do seu consenso por disposições constitucionais, como os cientistas revisam à luz dos seus conhecimentos produzindo novos "paradigmas".[6]

Vê-se que este "povo" difere completamente daquele que está implicado nos saberes narrativos tradicionais, os quais, como se disse, não requerem nenhuma deliberação instituinte, nenhuma progressão cumulativa, nenhuma pretensão à universalidade: são eles os operadores do saber científico. Não deve causar espanto que os representantes da nova legitimação pelo "povo" sejam também os destruidores ativos dos saberes tradicionais dos povos, percebidos de agora em diante como minorias ou como separatismos potenciais cujo destino não pode ser senão obscurantista.[7]

Concebe-se igualmente que a existência real deste sujeito forçosamente abstrato (porque modelado sobre o paradigma do único sujeito conhecedor, isto é, do remetente-destinatário de enunciados denotativos com valor de verdade, excluindo-se os outros jogos de linguagem) seja suspenso às instituições nas quais ele é admitido para deliberar e decidir, e que compreende todo ou parte do Estado. É assim que a questão do Estado encontra-se estreitamente imbricada com a do saber científico.

Mas vê-se também que esta imbricação não pode ser simples. Pois o "povo" que é a nação ou mesmo a humanidade não se contenta, sobretudo em suas instituições políticas, em conhecer; ele legisla, ou seja, formula prescrições que têm valor de normas.[8] Exerce assim sua competência não somente em matéria de enunciados denotativos dependentes do verdadeiro, como também em matéria de enunciados prescritivos tendo pretensão à justiça. É exatamente esta, como se disse, a propriedade do saber narrativo, donde seu conceito é retirado, de encerrar ambas as competências, sem falar do resto.

O modo de legitimação de que falamos, que reintroduz o relato como validade do saber, pode assim tomar duas direções, conforme represente o sujeito do relato como cognitivo ou como prático: como um herói do conhecimento ou como um herói da liberdade. E, em razão desta alternativa, não somente a legitimação não tem sempre o mesmo sentido, mas o próprio relato aparece já como insuficiente para dar sobre ela uma versão completa.

NOTAS

1. Sobre a ideologia cientificista, ver *Survivre* 9 (agosto-setembro 1971), repetido em Jaubert e Lévy-Leblond eds., *op. cit.*, 51 sq. Encontra-se no final desta uma bibliografia dos periódicos e dos grupos que lutam contra as diversas formas de subordinação da ciência ao sistema.

2. V. Goldschmidt, *Les Dialogues de Platon*, P.U.F., 1947.

3. Termos tirados de G. Genette. *Figures* III, *loc. cit.*

4. P. Valéry, *Introduction à la méthode de Leonard da Vinci* (1894), Gallimard, 1957 (contém também "Marginália" [1930], "Note et digression" [1919], "Léonard et les philosophes" [1929]).

5. P. Aubenque, *Le problème de l'Être chez Aristoie*, P.U.F., 1962.

6. P. Duhem, *Essai sur la notion de théorie physique de Platon à Galilée*, Hermann. 1908; A. Koyré, *Etudes galiléennes* (1940). Hermann. 1966: Th. Kuhn, *op. cit.*

7. M. de Certau; D. Julia; J. Revel, *Une politique de la langue. La Révolution française et les patois.* Gallimard. 1975.

8. Sobre a distinção entre prescrições e normas, ver G. Kalinowski, "Du métalangage en logique. Réflexions sur la logique déontique et son rapport avec la logique des normes". *Documents de travail* 48 (novembro 1975). Università di Urbino.

9. Os relatos da legitimação do saber

Examinaremos duas grandes versões do relato de legitimação; uma mais política, a outra mais filosófica, ambas de grande importância na história moderna, em particular na do saber e de suas instituições.

Uma é a que tem por sujeito a humanidade como herói da liberdade. Todos os povos têm direito à ciência. Se o sujeito social já não é o sujeito do saber científico é porque foi impedido nisto pelos padres e tiranos. O direito à ciência deve ser reconquistado. É compreensível que este relato oriente mais uma política dos ensinos primários que das universidades e escolas.[1] A política escolar da III República ilustra claramente estes pressupostos.

Quanto ao ensino superior, este relato parece dever limitar o seu alcance. É assim que, em geral, se descrevem as disposições tomadas a este respeito por Napoleão, cuidando de produzir as competências administrativas e profissionais necessárias à estabilidade do Estado.[2] Assim ignora-se que este último, na perspectiva do relato das liberdades, não recebe sua legitimidade de si mesmo, e sim do povo. Se as instituições de ensino superior são consagradas pela política imperial a serem estufas dos quadros do Estado e, secundariamente, da sociedade civil, é porque através das administrações e das profissões em que se exercerá sua atividade, a própria nação está autorizada a conquistar sua liberdade graças à difusão dos novos saberes na população. O mesmo raciocínio vale *a fortiori* para a fundação das instituições propriamente científicas. Reencontra-se o recurso ao relato das liberdades cada vez que o Estado toma diretamente a si o encargo da formação do "povo" sob o nome de nação e sua orientação no caminho do progresso.[3]

Com o outro relato de legitimação, a relação entre a ciência, a nação e o Estado dá lugar a uma elaboração bastante diferente. É o que se deu quando da fundação da Universidade de Berlim, entre 1807 e 1810.[4] Sua influência será considerável sobre a organização dos cursos superiores nos países jovens nos séculos XIX e XX.

Por ocasião desta criação, o ministério prussiano foi surpreendido com um projeto de Fichte e considerações opostas apresentadas por Schleiermacher. Coube a Wilhelm von Humboldt resolver o caso; decidiu a favor da opção mais "liberal" do segundo.

Lendo-se o relatório de Humboldt, pode-se ser tentado a reduzir toda sua política sobre a instituição científica ao célebre princípio: "Buscar a ciência em si mesma." Isto seria equivocar--se sobre a finalidade desta política, muito próxima daquela que Schleiermacher expôs de modo mais completo e em que predomina o princípio de legitimação que nos interessa.

Humboldt declara, é certo, que a ciência obedece às suas regras próprias, que a instituição científica "vive e renova-se sem cessar por si mesma, sem nenhum cerceamento nem finalidade determinada". Mas acrescenta que a universidade deve remeter seu material, a ciência, à "formação espiritual e moral da nação".[5] Como este efeito de *Bildung* pode resultar de uma pesquisa desinteressada do conhecimento? O Estado, a nação, a humanidade inteira não são indiferentes ao saber considerado em si mesmo?

Com efeito, o que lhes interessa é, como declara Humboldt, não o conhecimento, mas "o caráter e a ação".

O conselheiro do ministro coloca-se assim em face de um conflito maior, que lembra a ruptura introduzida pela crítica kantiana entre conhecer e querer, o conflito entre um jogo de linguagem feito de denotações que não emanam senão do critério da verdade, e um jogo de linguagem que orienta a prática ética, social, política, e que comporta necessariamente decisões e obrigações, ou seja, enunciados dos quais não se espera que sejam verdadeiros, mas justos, e que portanto não emanam em última análise do saber científico.

A unificação destes dois conjuntos de discursos é, no entanto, indispensável à *Bildung* visada pelo projeto humboldtiano, e que consiste não somente na aquisição de conhecimentos pelos indivíduos, mas na formação de um sujeito plenamente legitimado do saber e da sociedade. Humboldt invoca assim um Espírito, que Fichte também chamava de Vida, movido por uma tríplice aspiração, ou melhor, por uma aspiração simultaneamente tríplice e unitária: "a de tudo fazer derivar de um princípio original", à qual corresponde a atividade científica; "a de tudo referir a um ideal", que governa a prática ética e social; "a de reunir este princípio e este ideal em uma única ideia", assegurando que a pesquisa das verdadeiras causas na ciência não pode deixar de coincidir com a persecução de justos fins na vida moral e política. O sujeito legítimo constitui-se desta última síntese.

Humboldt acrescenta de passagem que esta tríplice aspiração pertence naturalmente ao "caráter intelectual da nação alemã".[6] É uma concessão, mas discreta, ao outro relato, isto é, à ideia de que o sujeito do saber é o povo. Na verdade, esta ideia está longe de se conformar ao relato da legitimação do saber proposto pelo idealismo alemão. Sinal disto é a suspeita de um Schleiermacher, de um Humboldt e mesmo de um Hegel a respeito do Estado. Se Schleiermacher teme o nacionalismo estreito, o protecionismo, o utilitarismo, o positivismo que guia os poderes públicos em matéria de ciência, é porque o princípio desta não reside, mesmo indiretamente, naqueles. O sujeito do saber não é o povo, é o espírito especulativo. Ele não se encarna, como na França de após a Revolução, num Estado, mas num Sistema. O jogo de linguagem de legitimação não é político-estatal, mas filosófico.

A grande função que as universidades têm a desempenhar é a de "expor o conjunto dos conhecimentos e evidenciar os princípios ao mesmo tempo que os fundamentos de todo saber", pois "não existe capacidade científica criadora sem espírito especulativo".[7] Aqui, a especulação é o nome que o discurso sobre a legitimação do discurso científico recebe. As escolas são funcionais; a universidade é especulativa, isto é, filosófica.[8] Esta filosofia deve restituir a unidade dos conhecimentos dispersados em ciências particulares nos laboratórios e nos cursos pré-universitários; ela não pode fazê-lo senão num jogo de linguagem que una ambos os aspectos como momentos no devir do espírito, portanto, numa narração ou, antes, numa metanarração racional. A *Enciclopédia* de Hegel (1817-27) buscará satisfazer este projeto de totalização, já presente em Fichte e em Schelling como ideia do Sistema.

É aí, no dispositivo de desenvolvimento de uma Vida que é ao mesmo tempo Sujeito, que se nota o retorno do saber narrativo. Existe uma "história" universal do espírito, o espírito é "vida", e esta "vida" é a apresentação e a formulação do que ela mesma é; ela tem como meio o conhecimento ordenado de todas as suas formas nas ciências empíricas. A enciclopédia do idealismo alemão é a narração da "história" deste sujeito-vida. Mas o que ela produz é um metarrelato, pois o que conta este relato não deve ser um povo estrangulado na positividade particular de seus saberes tradicionais, e tão pouco o conjunto dos cientistas que são limitados pelos profissionalismos correspondentes às suas especialidades.

Este não pode ser senão um metassujeito em vias de formular tanto a legitimidade dos discursos das ciências empíricas, como a das instituições imediatas das culturas populares. Este metassujeito, revelando seu fundamento comum, realiza seu fim implícito. O lugar onde habita é a universidade especulativa. A ciência positiva e o povo não são outra coisa senão suas formas brutas. O próprio Estado-Nação não pode exprimir validamente o povo a não ser pela mediação do saber especulativo.

Era necessário resgatar a filosofia que ao mesmo tempo legitima a fundação da universidade berlinense e devia ser o motor do seu desenvolvimento e do saber contemporâneo. Como já foi dito, esta organização universitária serviu de modelo para a constituição ou a reforma dos cursos superiores nos séculos XIX e XX em muitos países, a começar pelos Estados Unidos.[9] Mas sobretudo, esta filosofia, que está longe de ter desaparecido, principalmente no meio universitário,[10] propõe uma representação particularmente viva de uma solução dada ao problema da legitimidade do saber.

Não se justifica a pesquisa e a difusão do conhecimento por um princípio em uso. Não se pensa de modo algum que a ciência deva servir aos interesses do Estado e/ou da sociedade civil. Negligencia-se o princípio humanista segundo o qual a humanidade eleva-se em dignidade e em liberdade por meio do saber. O idealismo alemão recorre a um metaprincípio que simultaneamente fundamenta o desenvolvimento ao mesmo tempo do conhecimento, da sociedade e do Estado na realização da "vida" de um Sujeito que Fichte chama "Vida divina", e Hegel, "Vida do espírito". Nesta perspectiva, o saber encontra de início sua legitimidade em si mesmo, e é ele que pode dizer o que é o Estado e o que é a sociedade.[11] Mas não pode desempenhar este papel senão mudando de patamar, por assim dizer, deixando de ser o conhecimento positivo do seu referente (a natureza, a sociedade, o Estado etc.), e vindo a ser também o saber destes saberes, isto é, especulativo. Sob o nome de Vida, de Espírito, é a si mesmo que nomeia.

Um resultado apreciável do dispositivo especulativo é o de que todos os discursos de conhecimento sobre todos os referentes possíveis são aí considerados não com seu valor de verdade imediato, mas com o valor que eles assumem pelo fato de ocuparem um certo lugar no percurso do Espírito ou da Vida, ou, se se prefere, uma certa posição na Enciclopédia que descreve o discurso especulativo. Este os cita expondo por si mesmo o que sabe, isto é, expondo-se a si mesmo. Nesta perspectiva, o verdadeiro saber é sempre um saber indireto, feito de enunciados recolhidos, e incorporados ao metarrelato de um sujeito que lhe assegura a legitimidade.

Isto vale para todos os discursos, mesmo se eles não forem de conhecimento, como, por exemplo, os do direito e do Estado. O discurso hermenêutico contemporâneo[12] emerge desta pressuposição que assegura finalmente que há sentido a conhecer e que confere assim sua legitimidade à história e, notadamente, à do conhecimento. Os enunciados são tomados como antônimos deles mesmos,[13] e colocados num movimento onde se admite que eles se engendrem uns aos outros: tais são as regras do jogo de linguagem especulativo. A universidade, como seu nome o indica, é a sua instituição exclusiva.

Mas, como se disse, o problema da legitimidade pode resolver-se pelo outro processo. É preciso marcar-lhe a diferença: a primeira versão da legitimidade reencontrou um novo vigor hoje, enquanto o estatuto do saber encontra-se desequilibrado, e sua unidade especulativa, fragmentada.

O saber não encontra aí sua validade em si mesmo, num sujeito que se desenvolve atualizando suas possibilidades de conhecimento, mas num sujeito prático que é a humanidade. O princípio do movimento que anima o povo não é o saber em sua autolegitimação, mas a liberdade em sua autofundação ou, se se prefere, em sua autogestão. O sujeito é um sujeito concreto ou suposto como tal, sua epopeia é a de sua emancipação em relação a tudo aquilo que o impede de se governar a si mesmo. Supõe-se que as leis que para si mesmo estabelece sejam justas, não porque elas estarão ajustadas a determinada natureza exterior e sim pelo fato de que, por constituição, os legisladores não são outros senão cidadãos submetidos às leis e que, em consequência, a vontade de que a lei faça justiça, que é a do cidadão, coincide com a vontade do legislador, que é a de que a justiça seja lei.

Este modo de legitimação pela autonomia da vontade[14] privilegia, como se vê, um jogo de linguagem bem diverso, o que Kant chamava de imperativo e os contemporâneos chamam de prescritivo. O importante não é, ou não é apenas, legitimar os enunciados denotativos, dependentes do verdadeiro, como: *A Terra gira em torno do sol*, mas enunciados prescritivos, dependentes do justo, como: *É preciso destruir Cartago*, ou: *É preciso fixar o salário mínimo em x francos*. Nesta perspectiva, o saber positivo não tem outro papel senão o de informar o sujeito prático da realidade na qual a execução da prescrição deve se inscrever. Ele lhe permite circunscrever o executável, o que se pode fazer. Mas o executório, o que se deve fazer, não lhe pertence. Que um empreendimento seja possível é uma coisa; que ele seja justo, outra. O saber não é mais o sujeito, ele está a seu serviço; sua única legitimidade (mas ela é considerável) é permitir que a moralidade venha a ser realidade.

Assim introduz-se uma relação entre o saber e a sociedade e seu Estado, que é, em princípio, a relação entre meio e fim. Os cientistas não devem se prestar a isso a não ser que julguem a política do Estado justa; isto é, o conjunto de suas prescrições. Eles podem recusar as prescrições do Estado em nome da sociedade civil de que são os membros, se consideram que esta não é bem representada por aquele. Este tipo de legitimação lhe reconhece a autoridade, a título de seres humanos práticos, de recusar em prestar sua colaboração de cientistas a um poder político que eles julgam injusto, isto é, não fundamentado sobre a autonomia propriamente dita. Eles podem mesmo até fazer uso de sua ciência para mostrar como esta autonomia de fato não é realizada na sociedade e no Estado. Reencontra-se assim a função crítica do saber. Acontece que este não tem outra legitimidade final senão a de servir os fins visados pelo sujeito prático que é a coletividade autônoma.[15]

Esta distribuição dos papéis na tarefa de legitimação é interessante, segundo o nosso ponto de vista, porque supõe, ao contrário da teoria do sistema-sujeito, que não existe unificação nem totalização possíveis dos jogos de linguagem num metadiscurso. Aqui, ao contrário, o privilégio concedido aos enunciados prescritivos, que são os que o sujeito prático profere, torna-os independentes, em princípio, dos enunciados de ciência, que não têm mais função senão a de informação para o dito sujeito.

Duas observações:

1. Seria fácil mostrar que o marxismo oscilou entre os dois modelos de legitimação narrativa que descrevemos. O Partido pode tomar o lugar da universidade — o proletariado,

o do povo ou da humanidade, o materialismo dialético, o do idealismo especulativo etc.; pode daí resultar o estalinismo e sua relação específica com as ciências, que lá estão apenas como citação do metarrelato da marcha para o socialismo como equivalente da vida do espírito. Mas ele pode, ao contrário, conforme a segunda versão, desenvolver-se em saber crítico, postulando que o socialismo não é senão a constituição do sujeito autônomo e que toda a justificação das ciências é dar ao sujeito empírico (o proletariado) os meios de sua emancipação em relação à alienação e à repressão: sumariamente, foi esta a posição da Escola de Frankfurt.

2. Pode-se ler o *Discurso* que Heidegger proferiu no dia 27 de maio de 1933, quando de sua ascensão ao reitorado da Universidade de Friburgo,[16] como um episódio infeliz da legitimação. A ciência especulativa tornou-se o questionamento do ser. Este é o "destino" do povo alemão, chamado "povo histórico-espiritual". É a este sujeito que se devem os três serviços: do trabalho, da defesa e do saber. A universidade assegura o metassaber de seus três serviços, isto é, a ciência. A legitimação se faz então como no idealismo por meio de um metadiscurso chamado ciência, tendo pretensão ontológica. Mas ele é questionante, e não totalizante. E, por outro lado, a universidade, que é o lugar onde ele existe, deve esta ciência a um povo cuja "missão histórica" é a de cumpri-la trabalhando, combatendo e conhecendo. Este povo-sujeito não tem vocação para a emancipação da humanidade, mas para a realização de seu "verdadeiro mundo do espírito", que é "o poder de conservação mais profundo de suas forças de terra e de sangue". Esta inserção do relato da raça e do trabalho no relato do espírito é duplamente infeliz: teoricamente

inconsistente, bastaria, contudo, para encontrar no contexto político um eco desastroso.

NOTAS

1. Encontra-se um vestígio desta política na instituição de uma classe de filosofia ao final dos estudos secundários. E ainda no projeto do Grupo de Pesquisas sobre o ensino da filosofia de ensinar "a filosofia" desde o primeiro ciclo dos estudos secundários: G.R.E.P.H., "La philosophie déclassée", *Oui a peur de la philosophie?*, Paris, Flammarion, 1977. É igualmente esta norma, ao que parece, que orienta a estrutura dos programas dos C.E.G.E.P. de Quebec, e sobretudo os de filosofia (ver, por exemplo, os *Cahiers de l'enseigment collégial* 1975-1976 para a filosofia).

2. Ver H. Janne, "L'Université et les besoins de la société contemporaine", *Cahiers de l'association Internationale des universités* 10 (1970), 5; citado in Commission d'études sur les universités, *Document de consultation*, Montreal, 1978.

3. Encontra-se uma expressão "dura" (quase místico-militar) em Júlio de Mesquita Filho, *Discurso de paraninfo da primeira turma de licenciados pela Faculdade de Filosofia, Ciências e Letras da Universidade de São Paulo* (25 de janeiro de 1937); e uma expressão adaptada aos problemas modernos do desenvolvimento no Brasil no *Relatório do Grupo de Trabalho, Reforma Universitária*, Brasília, Ministério da Educação e Cultura, do Planejamento etc., agosto de 1969. Estes documentos fazem parte de um dossiê sobre a universidade brasileira que me foi amavelmente comunicado por Helena C. Chamlian e Martha Ramos de Carvalho, da Universidade de São Paulo, e a elas agradeço.

4. O dossiê é acessível ao leitor de língua francesa graças a Miguel Abensour e ao Collège de philosophie: *Philosophies de l'Université. L'idealisme allemand et la question de l'université* (textos de Schelling, Ficht, Schleiermacher, Humboldt, Hegel), Payot, 1979.

5. "Sur l'organisation interne et externe des établissements scientifiques supérieurs à Berlin" (1810), in *Philosophies de l'Universite, loc. cit.*, 321.

6. *Ibid.*, 323.

7. F. Schleiermacher, "Pensées de circonstance sur les universités de conception allemande" (1808), *ibid.*, 270-271.

8. "O ensino filosófico é reconhecido de maneira geral como o fundamento de toda atividade universitária" (*ibid.*, 272).

9. A. Touraine analisa as contradições desta transplantação em *Université et société aux États-Unis*, Seuil, 1972, 32-40.

10. Sensível até nas conclusões de um R. Nisbet, *The Degradation of Academic Dogma: the University in America*, 1945-1970, Londres, Heinemann, 1971. O autor é professor na Universidade da Califórnia, Riverside.

11. Ver G. W. Hegel, *Philosophie des Rechts* (1821), t.f. Kaan, *Principes de philosophie du droit.* Gallimard, 1940.

12. Ver P. Ricouer, *Le conflit des interprétations. Essais d'herméneutique*, Tübingen. Mohr. 2ª ed., 1965, t.f. *Vérité et méthode*, Seuil. 1976.

13. Sejam dois enunciados: (1) *La lune est levée*; (2) *O enunciado / La lune est levée / é um enunciado denotativo.* Diz-se que em (2) o sintagma / *La lune est levée* / é o autônimo de (1). Ver J. Rey-Debove, *Le métalangage*, Le Robert, 1978, parte IV.

14. O princípio, em matéria de ética transcendental pelo menos, é kantiano: ver a *Crítica da razão prática.* Em matéria de política e de ética empírica, Kant é prudente: como ninguém pode se identificar com o sujeito normativo transcendental, é mais exato teoricamente compor com as autoridades existentes. Ver, por exemplo: Antwort an der Frage: "Was ist 'Aufklärung'?", (1784), t.f. Piobetta, "Qu'est-ce que les Lumières?", in Kant, *La Philosophie de l'histoire*, Aubier, 1943.

15. Ver I. Kant, *art. cit.*; J. Habermas, *Strukturwandel der Oeffentlichkeit*, Frankfurt, Luchterhand, 1962; t.f. de Launay, *L'espace public. Archéologie de la publicité comme dimension constitutive de la société bourgeoise*, Payot, 1978. Os termos *public* e *publicité* significam "tornar público uma

correspondência privada", "debate público", etc. Este princípio de *Oeffentlichkeit* guiou a ação de muitos grupos de cientistas, ao final dos anos 1960, notadamente o movimento "Survivre", o grupo "Scientists and Engineers for Social and Political Action" (USA) e o grupo "British Society for Social Responsability in Science" (G.B.).

16. G. Granel traduziu-o para o francês em *Phi*, Suplemento dos *Annales de l'université de Toulouse-Le Mirail*, Toulouse (janeiro 1977).

10. A deslegitimação

Na sociedade e na cultura contemporânea, sociedade pós-industrial, cultura pós-moderna,[1] a questão da legitimação do saber coloca-se em outros termos. O grande relato perdeu sua credibilidade, seja qual for o modo de unificação que lhe é conferido: relato especulativo, relato da emancipação.

Pode-se ver neste declínio dos relatos um efeito do desenvolvimento das técnicas e das tecnologias a partir da Segunda Guerra Mundial, que deslocou a ênfase sobre os meios da ação de preferência à ênfase sobre os seus fins; ou então o redesdobramento do capitalismo liberal avançado após seu recuo, sob a proteção do keynesianismo durante os anos 1930-60, renovação que eliminou a alternativa comunista e que valorizou a fruição individual dos bens e dos serviços.

Buscas de causalidade como estas são sempre decepcionantes. Supondo-se que se admita uma ou outra destas hipóteses, resta explicar a correlação das tendências referidas com o declínio do poder unificador e legitimador dos grandes *relatos* da especulação e da emancipação.

O impacto que, por um lado, a retomada e a prosperidade capitalista e, por outro lado, o avanço desconcertante das técnicas podem ter sobre o estatuto do saber é certamente compreensível.

Mas é preciso primeiramente resgatar os germes de "deslegiti-mação"[2] e de niilismo que eram inerentes aos grandes relatos do século XIX para compreender como a ciência contempo-rânea podia ser sensível a estes impactos bem antes que eles acontecessem.

O dispositivo especulativo encerra inicialmente uma espécie de equívoco em relação ao saber. Ele mostra que este não me-rece seu nome a não ser que se reponha (se *relève, hebt sich auf*) na citação que ele faz dos seus próprios enunciados no seio de um discurso de segundo nível (autonímia) que os legitima. Isto significa que, em sua imediaticidade, o discurso denotativo que versa sobre um referente (um organismo vivo, uma propriedade química, um fenômeno físico etc.) não sabe na verdade o que ele acredita saber. A ciência positiva não é um saber. E a especulação nutre-se da sua supressão. Deste modo, o relato especulativo he-geliano contém nele mesmo, e como confessa o próprio Hegel,[3] um ceticismo em relação ao conhecimento positivo.

Uma ciência que não encontrou sua legitimidade não é uma ciência verdadeira; ela cai no nível o mais baixo, o de ideologia ou de instrumento de poder, se o discurso que deveria legitimá-la aparece como dependente de um saber pré-científico, da mesma categoria que um relato "vulgar". O que não deixa de acontecer se se voltam contra ele as regras do jogo da ciência que ele denuncia como empírica.

Considere-se o enunciado especulativo: um enunciado cien-tífico é um saber somente se for capaz de situar-se num processo universal de engendramento. A questão que surge a seu respeito é a seguinte: seria este enunciado um saber no sentido que ele determina? Ele não o será, a não ser que possa situar-se num processo universal de engendramento. Ora, ele o pode. Basta-lhe pressupor que este processo existe (a Vida do espírito) e que ele mesmo é uma de suas expressões. Esta pressuposição é mesmo indispensável ao jogo de linguagem especulativo. Se ela não é feita, a própria linguagem da legitimação não seria legítima, e estaria, com a ciência, imersa no *nonsense*, pelo menos de acordo com o idealismo.

Mas pode-se compreender esta pressuposição num sentido totalmente diferente, que nos aproxima da cultura pós-moderna: ela define, pode-se dizer na perspectiva que adotamos anteriormente, o grupo de regras que é preciso admitir para jogar o jogo especulativo.[4] Tal apreciação supõe primeiramente que se aceite como modo geral da linguagem de saber o das ciências "positivas". Em segundo lugar, que se considere que esta linguagem implica pressuposições (formais e axiomáticas) que ela deve sempre explicitar. Com outras palavras, Nietzsche afirma isto quando mostra que o "niilismo europeu" resulta da autoaplicação da exigência científica de verdade a esta própria exigência.[5]

Surge assim a ideia de perspectiva que não é distante, pelo menos neste ponto, da dos jogos de linguagem. Tem-se aí um processo de deslegitimação cujo motor é a exigência de legitimação. A "crise" do saber científico, cujos sinais se multiplicam desde o fim do século XIX, não provém de uma proliferação fortuita das ciências, que seria ela mesma o efeito do progresso das técnicas e da expansão do capitalismo. Ela procede da erosão interna do princípio de legitimação do saber. Esta erosão opera no jogo especulativo, e é ela que, ao afrouxar a trama enciclopédica na qual cada ciência devia encontrar seu lugar, deixa-as se emanciparem.

As delimitações clássicas dos diversos campos científicos passam ao mesmo tempo por um requestionamento: disciplinas desaparecem, invasões se produzem nas fronteiras das ciências, de onde nascem novos campos. A hierarquia especulativa dos conhecimentos dá lugar a uma rede imanente e, por assim dizer, "rasa", de investigações cujas respectivas fronteiras não cessam de se deslocar. As antigas "faculdades" desmembram-se em institutos e fundações de todo tipo, as universidades perdem sua função de legitimação especulativa. Privadas da responsabilidade da pesquisa que o relato especulativo abafa, elas se limitam a transmitir os saberes julgados estabelecidos e asseguram, pela didática, mais a reprodução dos professores que a dos cientistas. É neste estado que Nietzsche as encontra e as condena.[6]

Quanto ao outro procedimento de legitimação, o que resulta na *Aufklärung*, o dispositivo da emancipação, seu poderio intrínseco de erosão não é menor do que aquele que opera no discurso especulativo. Mas ele se refere a um outro aspecto. Sua característica é a de fundamentar a legitimidade da ciência, a verdade, sobre a autonomia dos interlocutores engajados na prática ética, social e política. Ora, esta legitimação, como vimos, constitui de imediato um problema: entre um enunciado denotativo de valor cognitivo e um enunciado prescritivo de valor prático, a diferença é de pertinência, portanto, de competência. Nada prova que, se um enunciado que descreve uma realidade é verdadeiro, o enunciado prescritivo, que terá necessariamente por efeito modificá-la, seja justo.

Considere-se uma porta fechada. Entre *A porta está fechada* e *Abra a porta* não existe consequência no sentido da lógica proposicional. Os dois enunciados referem-se a dois conjuntos de regras autônomas, que determinam pertinências diferentes e, por conseguinte, competências diferentes. Aqui, o resultado desta divisão da razão em cognitiva ou teorética, de um lado, e prática, do outro, tem por efeito atacar a legitimidade do discurso de ciência, não diretamente, mas indiretamente, revelando que ele é um jogo de linguagem dotado de suas regras próprias (cujas condições *a priori* do conhecimento são em Kant um primeiro esboço), porém sem nenhuma vocação para regulamentar o jogo prático (nem estético, aliás). Ele é assim posto em paridade com os outros.

Esta "deslegitimação", por pouco que a acompanhemos, e se ampliarmos o seu alcance, o que Wittgenstein faz à sua maneira, e o que fazem, cada um a seu modo, pensadores como Martin Buber e Emmanuel Levinas,[7] abre caminho a uma corrente importante da pós-modernidade: a ciência joga o seu próprio jogo, ela não pode legitimar os outros jogos de linguagem. Por exemplo: escapa-lhe o da prescrição. Mas antes de tudo ela não pode mais se legitimar a si mesma como o supunha a especulação.

Nesta disseminação dos jogos de linguagem, é o próprio sujeito social que parece dissolver-se. O vínculo social é de linguagem (*langagier*), mas ele não é constituído de uma única fibra. É uma tecitura onde se cruzam pelo menos dois tipos, na realidade um número indeterminado, de jogos de linguagem que obedecem a regras diferentes. Wittgenstein escreve: "Nossa linguagem pode ser considerada uma velha cidade: uma rede de ruelas e praças, de casas novas e velhas, e de casas dimensionadas às novas épocas; e isto tudo cercado por uma quantidade de novos subúrbios com ruas retas e regulares e com casas uniformes."[8] E, para mostrar que realmente o princípio de unitotalidade, ou da síntese sob a autoridade de um metadiscurso de saber, é inaplicável, ele faz a "cidade" da linguagem passar pelo velho paradoxo do sorita, perguntando: "A partir de quantas casas ou ruas uma cidade começa a ser uma cidade?"[9]

Novas linguagens vêm acrescentar-se às antigas, formando os subúrbios da velha cidade, "o simbolismo químico, a notação infinitesimal".[10] Trinta e cinco anos após, podem-se acrescentar a isto as linguagens-máquinas, as matrizes de teoria dos jogos, as novas notações musicais, as notações das lógicas não denotativas (lógicas do tempo, lógicas deônticas, lógicas modais), a linguagem do código genético, os gráficos de estruturas fonológicas, etc.

Pode-se retirar desta explosão uma impressão pessimista: ninguém fala todas essas línguas, elas não possuem uma metalíngua universal, o projeto do sistema-sujeito é um fracasso, o da emancipação nada tem a ver com a ciência, está-se mergulhado no positivismo de tal ou qual conhecimento particular, os sábios tornaram-se cientistas, as reduzidas tarefas de pesquisa tornaram-se tarefas fragmentárias que ninguém domina;[11] e, do seu lado, a filosofia especulativa ou humanista nada mais tem a fazer senão romper com suas funções de legitimação,[12] o que explica a crise que ela sofre onde ainda pretende assumi-las, ou sua redução ao estudo das lógicas ou das histórias das ideias, quando conformando-se com a realidade, renunciou àquelas funções. [13]

Este pessimismo é o que alimentou a geração do início do século em Viena: os artistas, Musil, Kraus, Hofmannsthal, Loos, Schönberg, Bloch, mas também os filósofos Mach e Wittgenstein.[14] Sem dúvida eles desenvolveram o mais possível a consciência e a responsabilidade teórica e artística da deslegitimação. Pode-se dizer hoje que este trabalho de luto foi consumado. Não se deve recomeçá-lo. A força de Wittgenstein consistiu em não se colocar ao lado do positivismo que o Círculo de Viena desenvolvia[15] e traçar em sua investigação dos jogos de linguagem a perspectiva de um outro tipo de legitimação que não fosse o desempenho. É com ela que o mundo pós-moderno mantém relação. A própria nostalgia do relato perdido desapareceu para a maioria das pessoas. De forma alguma segue-se a isto que elas estejam destinadas à barbárie. O que as impede disso é que elas sabem que a legitimação não pode vir de outro lugar senão de sua prática de linguagem e de sua interação comunicacional. Em face de qualquer outra crença, a ciência que ironiza (*sourit dans sa barbe*) ensinou-lhes a dura sobriedade do realismo.[16]

NOTAS

1. Ver a nota 1. Alguns aspectos científicos do pós-modernismo são arrolados em I. Hassan, "Culture, indeterminacy, and Immanence: Margins of the (Postmodern) Age". *Humanities in Society* 1. (inverno 1978), 51-85.

2. Cl. Mueller emprega a expressão "a process of delegitimation" em *The Politics of Communication*, *loc. cit.*, 164.

3. "Caminho da dúvida [...], caminho do desespero [...], ceticismo", escreve Hegel no Prefácio da *Fenomenologia do Espírito*, para descrever o efeito da pulsão especulativa sobre o conhecimento natural.

4. Com receio de sobrecarregar a exposição, deixamos para um estudo ulterior o exame deste conjunto de regras.

5. Nietzsche, "Der europäische Nihilismus" (ms N VII 3); "Der Nihilismus, ein normaler Zustand" (ms W II 1); "Kritik dem Nihilismus" (ms W VII 3); "Zum Plane" (ms W II 1), in *Nietzsches Werke kritische Gesamtausgabe*, VII, 1 & 2 (1887-1889), Berlin, de Gruyter, 1970. Estes textos são objeto de um comentário de K. Ryjik, *Nietzsche, le manuscrit de Lenzer Heide*, datilog., Departamento de Filosofia. Universidade de Paris VIII (Vincennes).

6. "Sur l'avenir de nos établissements d'enseigment" (1872). t.f. Backès, in F. Nietzsche, *Écrits posthumes 1870-1873*, Gallimard, 1975.

7. M. Buber, *Je et Tu*, Aubier, 1938; *id.*, *Dialogisches Leben*, Zürich. Müller, 1947. E. Levinas, *Totalité et Infini*. La Have, Nijhoff, 1961; *id.*, "Martin Buber und die Erkenntnistheorie (1958)", in Divers, *Philosophen des 20 jahrhunderts*, Stuttgart, Kohlhammer, 1963; t.f. "Martin Buber et la théorie de la connaissance", *Noms propres*, Montpellier, Fata Morgana, 1976.

8. *Investigations philosophiques, loc. cit.*, § 18. Cf. trad. de Jose Carlos Bruni, in *Os Pensadores*, Abril Cultural, p. 18.

9. *Ibid.*

10. *Ibid.*

11. Veja, por exemplo, "La taylorisation de la recherche", in *(Auto)critique de la science, loc. cit.*, 291-293. E sobretudo D. J. de Solla Price (*Little Science, Big Science*, N.Y., Columbia U.P., 1963), que sublinha a clivagem entre um pequeno número de pesquisadores de produção elevada (avaliada em número de publicações) e uma grande massa de pesquisadores de fraca produtividade. O número destes últimos cresce o dobro do número dos primeiros, embora este só aumente de fato a cada vinte anos, aproximadamente. Price conclui que a ciência considerada entidade social é *undemocratic* (59) e que *the eminent scientist* está cem anos na dianteira em relação ao *the minimal one* (56). (Em inglês, no original.)

12. Ver J. T. Desanti, "Sur le rapport traditionnel des sciences et de la philosophie", *La Philosophie silencieuse, ou critique des philosophies de la science*, Seuil, 1975.

13. A reclassificação da filosofia universitária no conjunto das ciências humanas é sob este aspecto de uma importância que excede em muito os cuidados da profissão. Nós não acreditamos que a filosofia como trabalho de legitimação esteja condenada; mas é possível que ela não possa cumpri-lo, ou pelo menos desenvolvê-lo, senão revendo seus vínculos com a instituição universitária. A propósito, ver o Preâmbulo ao *Projet d'un institut polytechnique de philosophie*, Département de philosophie, Université de Paris VIII (Vincennes), 1979.

14. Ver A. Janik & St. Toulmin, *Wittgenstein's Vienna*, N.Y., Simon & Shuster, 1973. J. Piel, ed., "Vienne début d'un siècle", *Critique*, 339-340 (agosto--setembro 1975).

15. Ver J. Habermas, "Dogmatisme, raison et décision: théorie et pratique dans une civilisation scientifisée" (1963), *Théorie et Pratique* II, *loc. cit*, 95.

16. "La science sourit dans sa barbe" é o título de um capítulo de *L'homme sans qualités*, de Musil; citado e comentado por J. Bouveresse, "La problématique du sujet..." *loc. cit.*

11. A pesquisa e sua legitimação pelo desempenho

Voltemos à ciência e examinemos de início a pragmática da pesquisa. Ela é hoje afetada em suas regulações essenciais por duas modificações importantes: o enriquecimento das argumentações e a complicação da administração das provas.

Aristóteles, Descartes, Stuart Mill, entre outros, sucessivamente tentaram fixar regras pelas quais um enunciado com valor denotativo pode obter a adesão do destinatário.[1] A pesquisa científica não tem grande consideração por estes métodos. Ela pode usar e usa linguagens, como se disse, cujas propriedades demonstrativas parecem desafios à razão dos clássicos. Bachelard fez-lhe um balanço; ele já está ultrapassado.[2]

O uso destas linguagens, contudo, não é qualquer um. Ele está submetido a uma condição que se pode dizer pragmática, a de formular suas próprias regras e de perguntar ao destinatário se ele as aceita. Satisfazendo esta condição, define-se uma axiomática, a qual compreende a definição dos símbolos que serão empregados na linguagem proposta, a forma que deverão respeitar as expressões desta linguagem para poderem ser aceitas (expressões bem formadas), e as operações que serão permitidas sobre estas expressões, e que definem os axiomas propriamente ditos.[3]

Mas como se sabe o que deve conter ou o que contém uma axiomática? As condições que foram enumeradas são formais. Deve existir uma metalíngua determinante se uma linguagem satisfaz às condições formais de uma axiomática: esta metalíngua é a da lógica.

Deve-se fazer aqui uma observação. Que se comece por fixar a axiomática para dela retirar em seguida os enunciados que são aceitáveis, ou que, ao contrário, o cientista comece por estabelecer os fatos e por enunciá-los, e que ele busque em seguida descobrir a axiomática da linguagem da qual se serviu para enunciá-los, não constitui uma alternativa lógica, mas somente empírica. Ela tem certamente uma grande importância para o pesquisador, e também para o filósofo, mas a questão da validação dos enunciados apresenta-se paralelamente nos dois casos.[4]

Uma questão mais pertinente para a legitimação é a seguinte: por meio de que critérios o lógico define as propriedades exigidas por uma axiomática? Existe um modelo de uma língua científica? Este modelo é único? É verificável? As propriedades em geral exigidas pela sintaxe de um sistema formal[5] são a consistência (por exemplo, um sistema não consistente em relação à negação admitiria nele mesmo, paralelamente, uma proposição e seu contrário), a completude sintática (o sistema perde sua consistência caso um axioma lhe seja acrescentado), a decidibilidade (existe um procedimento efetivo que permite decidir se uma proposição qualquer pertence ou não ao sistema), e a independência dos axiomas uns em relação aos outros. Ora, Gödel estabeleceu de maneira efetiva a existência, no sistema aritmético, de uma proposição que não é nem demonstrável nem refutável no sistema; donde se segue que o sistema aritmético não satisfaz à condição da completude.[6]

Como se pode generalizar esta propriedade, é preciso então reconhecer que existem limitações internas aos formalismos.[7]

Estas limitações significam que, para o lógico, a metalíngua utilizada para descrever uma linguagem artificial (axiomática) é a "língua natural", ou "língua cotidiana"; esta língua é universal, visto que todas as outras línguas deixam-se nela traduzir; mas ela não é consistente em relação à negação: permite a formação de paradoxos.[8]

Neste sentido, a questão da legitimação do saber coloca-se de outro modo. Quando se declara que um enunciado de caráter denotativo é verdadeiro, pressupõe-se que o sistema axiomático no qual ele é decidível e demonstrável foi formulado, que é conhecido dos interlocutores e aceito por eles como tão formalmente satisfatório quanto possível. É neste espírito que se desenvolveu, por exemplo, a matemática do grupo de Bourbaki.[9] Mas observações análogas podem ser feitas para as outras ciências: elas devem seu estatuto à existência de uma linguagem cujas regras de funcionamento não podem ser demonstradas, mas são consensuais entre os *experts*. Estas regras são exigências pelo menos para algumas das ciências. A exigência é uma modalidade da prescrição.

A argumentação exigível para a aceitação de um enunciado científico está assim subordinada a uma "primeira" aceitação (na realidade, constantemente renovada em virtude do princípio de recursividade) das regras que fixam os meios da argumentação. Daí duas propriedades notáveis deste saber: a flexibilidade dos seus meios, isto é, a multiplicidade de suas linguagens; seu caráter de jogo pragmático, a aceitabilidade dos "lances" que lhe são feitos (a introdução de novas proposições), dependendo de um contrato realizado entre os participantes. Daí também a diferença entre dois tipos de "progresso" no saber: um, correspondendo a um novo lance (nova argumentação) no quadro das regras estabelecidas, o segundo, à invenção de novas regras e, assim, a uma mudança de jogo.[10]

A esta nova disposição corresponde evidentemente um deslocamento maior da ideia da razão. O princípio de uma metalinguagem universal é substituído pelo da pluralidade de sistemas formais e axiomáticos capazes de argumentar enunciados denotativos, sendo estes sistemas descritos numa metalíngua universal mas não consistente. O que passava por paradoxo e mesmo por paralogismo no saber da ciência clássica e moderna pode encontrar em algum desses sistemas uma força de convicção nova e obter o assentimento da comunidade dos *experts*.[11] O método pelos jogos de linguagem que seguimos aqui adota modestamente esta corrente de pensamento.

Somos levados a uma direção inteiramente diversa pelo outro aspecto importante da pesquisa que diz respeito à administração das provas. Esta é, em princípio, uma parte da argumentação destinada a fazer aceitar um novo enunciado como o testemunho ou a prova material, no caso da retórica judiciária.[12] Mas ela suscita um problema especial: é com ela que o referente (a "realidade") é convocado e citado no debate entre os cientistas.

Dissemos que a questão da prova constitui um problema, no sentido de que seria preciso provar a prova. Pode-se pelo menos publicar os meios da prova, de maneira que os outros cientistas possam assegurar-se do resultado repetindo o processo que conduziu a ela. Acontece que administrar uma prova é fazer constatar um fato. Mas o que é uma constatação? O registro do fato pela vista, pelo ouvido, por um órgão dos sentidos?[13] Os sentidos enganam, e são limitados em extensão, em poder discriminador.

Aqui intervêm as técnicas. Elas são inicialmente próteses de órgãos ou de sistemas fisiológicos humanos que têm por função receber dados ou agir sobre o contexto.[14] Elas obedecem a um princípio, o da otimização das *performances*: aumento do *output* (informações ou modificações obtidas), diminuição do *input* (energia despendida) para obtê-las.[15] São estes, pois, os jogos cuja pertinência não é nem o verdadeiro, nem o justo, nem o belo etc., mas o eficiente: um "lance" técnico é "bom" quando é bem-sucedido e/ou quando ele despende menos que um outro.

Esta definição da competência técnica é tardia. As invenções realizam-se por muito tempo intempestivamente, por ocasião de pesquisas ao acaso ou que interessam mais ou tanto às artes (*technai*) que ao saber: os gregos clássicos, por exemplo, não estabelecem uma relação evidente entre este último e as técnicas.[16] Nos séculos XVI e XVII, os trabalhos dos "perspectivistas" emanam ainda da curiosidade e da inovação artística,[17] e isto até o fim do século XVIII.[18] E pode-se afirmar que ainda em nossos dias as atividades "selvagens" de invenção técnica, por vezes semelhantes a devaneios anárquicos, continuam fora das necessidades da argumentação científica.[19]

No entanto, a necessidade de administrar a prova se faz ressentir mais vivamente à medida que a pragmática do saber científico toma o lugar dos saberes tradicionais ou revelados. Já ao final do *Discurso*, Descartes solicita créditos de laboratório. O problema é então exposto: os aparelhos que otimizam as *performances* do corpo humano visando a administrar a prova exigem um suplemento de despesa. Portanto, nada de prova e de verificação de enunciados, e nada de verdade, sem dinheiro. Os jogos de linguagem científica vão tornar-se jogos de ricos, em que os mais ricos têm mais chances de ter razão. Traça-se uma equação entre riqueza, eficiência, verdade.

O que se produz ao final do século XVIII, quando da primeira Revolução Industrial, é a descoberta da recíproca: não há técnica sem riqueza, mas não há riqueza sem técnica. Um dispositivo técnico exige um investimento; mas visto que otimiza a *performance* à qual é aplicado, pode assim otimizar a mais-valia que resulta desta melhor *performance*. Basta que esta mais-valia seja realizada, quer dizer, que o produto da *performance* seja vendido. E pode-se bloquear o sistema da seguinte maneira: uma parte do produto desta venda é absorvida pelo fundo de pesquisa destinado a melhorar ainda mais a *performance*. É neste momento preciso que a ciência torna-se uma força de produção, isto é, um momento na circulação do capital.

É mais o desejo de enriquecimento que o de saber que impõe de início aos técnicos o imperativo da melhoria das *performances* e de realização dos produtos. A conjunção "orgânica" da técnica com o lucro precede a sua junção com a ciência. As técnicas não assumem importância no saber contemporâneo senão pela mediação do espírito de desempenho generalizado. Mesmo hoje, a subordinação do progresso do saber ao do investimento tecnológico não é imediata.[20]

Mas o capitalismo vem trazer sua solução ao problema científico do crédito de pesquisa: diretamente, financiando os departamentos de pesquisa nas empresas, onde os imperativos de desempenho e de recomercialização orientam com prioridade os estudos voltados para as "aplicações"; indiretamente, pela criação de fundações de pesquisa privadas, estatais ou mistas, que concedem créditos sobre programas a departamentos universitários, laboratórios de pesquisa ou grupos independentes de pesquisadores, sem esperar do resultado dos seus trabalhos um lucro imediato, mas erigindo em princípio que é preciso financiar pesquisas a fundo perdido durante um certo tempo para aumentar as chances de se obter uma inovação decisiva e, portanto, muito rentável.[21] Os Estados-Nações, sobretudo em seu episódio keynesiano, seguem a mesma regra: pesquisa aplicada, pesquisa fundamental. Eles colaboram com as empresas por meio de agências de todo o tipo.[22] As normas de organização do trabalho que prevalecem nas empresas penetram nos laboratórios de estudos aplicados: hierarquia, decisão do trabalho, formação de equipes, estimativa de rendimentos individuais e coletivos, elaboração de programas vendáveis, procura de cliente, etc.[23] Os centros de pesquisa "pura" padecem menos, mas também eles beneficiam-se de créditos menores.

A administração da prova, que em princípio não é senão uma parte da argumentação destinada a obter o consentimento dos destinatários da mensagem científica, passa assim a ser controlada por um outro jogo de linguagem em que o que está em questão não é a verdade mas o desempenho, ou seja, a melhor relação *input/output*. O Estado e/ou a empresa abandona o relato de legitimação idealista ou humanista para justificar a nova disputa: no discurso dos financiadores de hoje, a única disputa confiável é o poder. Não se compram cientistas, técnicos e aparelhos para saber a verdade, mas para aumentar o poder.

A questão é saber em que pode consistir o discurso do poder, e se ele pode constituir uma legitimação. O que à primeira vista parece impedi-lo é a distinção feita pela tradição entre a força e o direito, entre a força e a sabedoria, isto é, entre o que é forte, o que é justo e o que é verdadeiro. Foi a esta incomensurabilidade que nos referimos anteriormente nos termos da teoria dos jogos de linguagem, distinguindo o jogo denotativo, em que a pertinência dá-se no nível de verdadeiro/falso, o jogo prescritivo, que é da alçada do justo/injusto, e o jogo técnico, cujo critério é eficiente/ineficiente. A "força" não parece relacionar-se senão com este último jogo, que é o da técnica. Faz-se exceção do caso em que ela opera por meio do terror. Este caso encontra-se fora do jogo de linguagem, já que a eficácia da força procede então inteiramente da ameaça de eliminar o parceiro, e não de um melhor "lance" que o seu. Cada vez que a eficiência, isto é, a obtenção do efeito visado, tem por motor um "Diga ou faça isto, senão não falarás mais", entra-se no terror, destrói-se o vínculo social.

Mas é verdade que o desempenho, aumentando a capacidade de administrar a prova, aumenta a de ter razão: o critério técnico introduzido brutalmente no saber científico não deixa de ter influência sobre o critério de verdade. O mesmo poderia ser dito da relação entre justiça e desempenho: as chances de que uma ordem seja considerada justa aumentariam com as chances de ela ser executada, e estas com o desempenho do prescritor. É assim que Luhmann acredita constatar nas sociedades pós-industriais a substituição da normatividade das leis pela eficiência mensurável de procedimentos.[24] O "controle do contexto", isto é, a melhoria das *performances* realizadas contra os parceiros que constituem este último (seja este a "natureza" ou os homens) poderia valer como uma espécie de legitimação.[25] Seria uma legitimação pelo fato.

O horizonte deste procedimento é o seguinte: sendo a "realidade" que fornece as provas para a argumentação científica e os resultados para as prescrições e as promessas de ordem jurídica, ética e política, pode-se vir a ser senhor de ambas tornando-se senhor da "realidade", o que as técnicas permitem. Reforçando-as, "reforçam-se" a realidade e, consequentemente, as chances de ser justo e de ter razão. E, reciprocamente, reforçam-se as técnicas de que se pode dispor do saber científico e da autoridade decisória.

Assim toma forma a legitimação pelo poder. Este não é somente o bom desempenho, mas também a boa verificação e o bom veredito. O poder legitima a ciência e o direito por sua eficiência, e esta, por aqueles. Ele se autolegitima como parece fazê-lo um sistema regulado sobre a otimização de suas *performances*.[26] Ora, é precisamente este controle sobre o contexto que deve fornecer a informatização generalizada. A eficácia de um enunciado, seja ele denotativo ou prescritivo, aumenta na proporção das informações de que se dispõe relativas ao seu referente. Assim, o crescimento do poder e sua autolegitimação passam atualmente pela produção, a memorização, a acessibilidade e a operacionalidade das informações.

A relação entre ciência e técnica inverte-se. A complexidade das argumentações parece, então, interessante, sobretudo porque ela obriga a sofisticar os meios de provar, beneficiando, assim, o desempenho. A repartição dos fundos de pesquisa pelos Estados, empresas e sociedades mistas obedece a esta lógica do aumento de poder. Os setores da pesquisa que não podem pleitear sua contribuição, mesmo indireta, à otimização das *performances* do sistema, são abandonados pelos fluxos de créditos e fadados à obsolescência. O critério de bom desempenho é explicitamente invocado pelas administrações para justificar a recusa de apoiar este ou aquele centro de pesquisas.[27]

NOTAS

1. Aristóteles nos *Analíticos* (-330 aproximadamente). Descartes nas *Regulae ad directionem ingenii* (cerca de 1628) e os *Principes de la philosophie* (1644), Stuart Mill no *Système de logique inductive et déductive* (1843).

2. G. Bachelard, *Le rationalisme appliqué*, P.U.F., 1949; M. Serres, "La réforme et les sept péchés", *L'Arc* 42 (nº spécial Bachelard), 1970.

3. D. Hilbert. *Grundlagen der Geometric*, 1899; N. Bourbaki "L'architecture des mathématiques", in Le Liónnais, ed., *Les grands courants de la pensée mathématique*, Hermann, 1948; R. Blanché, *L'axiomatique*, P.U.F., 1955.

4. Ver Blanché, *op. cit.*, cap. V.

5. Seguimos aqui R. Martin, *Logique contemporaine et formalisation*, P.U.F., 1964, 33-41 e 122 sq.

6. K. Gödel, "Ueber formal unentscheidbare Sätze der Principia Mathematica und verwandter Systeme". *Monatschrift fur Mathematik und Physik* 38

(1931). Para uma exposição acessível ao leigo do teorema de Gödel, ver D. Lacombe, "Les idées actuelles sur la structure des mathématiques", in Divers, *Notion de structure et structure de la connaissance*, Albin-Michel, 1957, 39-160.

7. J. Ladrière, *Les limitations internes des formalismes*, Louvain & Paris, 1957.

8. A. Tarski, *Logique, sémantique, métamathématique* I, Armand-Colin, 1972. J. P. Desclès & Z. Guemcheva-Desclès, "Métalangue, métalangage, métalinguistique", *Documents de travail* 60-61, Università di Urbino (janeiro-fevereiro 1977).

9. *Les éléments des mathématiques*, Hermann, 1940 sq. Os pontos de partida longínquos deste trabalho encontram-se nas primeiras tentativas de demonstração de certos "postulados" da geometria euclidiana. Ver L. Brunchvicg. *Les étapes de la philosophic mathématique*. P.U.F., 3ª ed., 1947.

10. Th. Kuhn, *The Structure... loc. cit.*

11. Será encontrada uma classificação dos paradoxos lógico-matemáticos em F. P. Hamsey, *The Foundations of Mathematics and Other Logical Essays*, N.Y., Harcourt, Brace & Co., 1931.

12. Ver Aristóteles, *Retórica* II, 1393 a sq.

13. É o problema do testemunho e da fonte histórica principalmente: o fato é conhecido por dele se ouvir falar ou *de visu?* A distinção aparece em Heródoto. Ver Fr. Hartog, "Hérodote rapsode et arpenteur". *Hérodote* 9 (dezembro 1977), 56-65.

14. A. Gehlen, "Die Technik in der Sichtweise der Anthropologie", *Anthropologische Forschung*, Hamburg, 1961.

15. A. Leroi-Gourhan, "Milieu et techniques", Albin-Michel, 1945; *id., Le geste et la parole I. Technique et langage*, Albin-Michel, 1964.

16. J. P. Vernant, *Mythe et pensée chez les Grecs*, Maspero. 1965, sobretudo a seção 4: "Le travail et la pensée technique".

17. J. Baltrusaitis, *Anamorphoses, ou magie artificielle des effets merveilleux*, O. Perrin, 1969.

18. L. Munford, *Technics and civilization*, N.Y., 1934; t.f. Montanier. *Tecnique et civilisation*, Seuil, 1950. B. Gille, *Histoire des Tecniques*. Gallimard (Plêiade), 1978.

19. Um exemplo impressionante foi estudado por M. L. Mulkay & D. O. Edge, "Cognitive, Tecnical and Social Factors in the Growth of Radio--astronomy", *Social Science Information* (1973), 25-65: utilização dos radioamadores para verificar algumas implicações da teoria da relatividade.

20. Mulkay desenvolve um modelo flexível de independência relativa das técnicas e do saber científico: "The Model of Branching". *The Sociological Review* XXXIII (1976), 509-526. H. Brooks, presidente do Science and Public Committee da National Academy of Sciences, coautor do "Rapport Brooks" (O.C.D.E., junho 1971), fazendo a crítica do modo de investimento na R. & D. no curso dos anos 1960, declarava: "Um dos efeitos da corrida à lua foi aumentar o custo da inovação tecnológica até esta tornar-se simplesmente demasiado cara [...]. A pesquisa é propriamente uma atividade a longo termo: uma aceleração rápida ou um retardamento implicam despesas não declaradas e numerosas incompetências. A produção intelectual não pode ultrapassar um certo ritmo" ("Les États-Unis ont-ils une politique de la science?", *La recherche* 14, julho 1971, 611). Em março de 1972, E. E. David Jr., conselheiro científico da Casa Branca, que lançou a ideia de uma Research Applied to National Needs (R.A.N.N.), concluía no mesmo sentido: estratégia ampla e flexível para a pesquisa, tática mais restritiva para o desenvolvimento (*La recherche* 21, março 1972, 211).

21. Esta foi uma das condições exigidas por Lazarsfeld para a sua aceitação de criar o que será o Mass Communication Research Center, em Princeton, em 1937. Isto não se realizou sem tensões. Os industriais de rádio recusaram investir no projeto. Dizia-se de Lazarsfeld que ele lançava as coisas mas não acabava nada. Ele mesmo dizia a Morrison: *I usually put thinks together and hoped they worked.* Citado por D. Morrison, "The Beginning of Modern Mass Communication Research", *Archives européennes de sociologie* XIX. 2 (1978). 347-359.

22. Nos Estados Unidos, o montante dos fundos consagrados pelo Estado federal a R. & D. igualou com o dos capitais privados no curso do ano de 1965; a partir de então, ele o ultrapassou (O.C.D.F., 1965).

23. Nisbet, *op. cit.*, cap. 5, faz uma descrição amarga da penetração do *higher capitalism* na universidade sob a forma de centros de pesquisa independentes dos departamentos. As relações sociais nos centros abalam a tradição acadêmica. Ver também em *(Auto)critique de la science, loc. cit.*, os capítulos: "Le proletariat scientifique", "Les chercheurs", "La crise des mandarins".

24. N. Luhmann, *Legitimation durch Verfahren*, Neuwied, Luchterhand. 1969.

25. Cl. Mueller, comentando Luhmann, escreve: "Nas sociedades industriais desenvolvidas, a legitimação legal-racional é substituída por uma legitimação tecnocrática, que não atribui nenhuma importância (*significance*) às crenças dos cidadãos nem à própria moralidade." (*The Politics of Communication, loc. cit.*, 135). Ver uma bibliografia sobre a questão tecnocrática em Habermas. *Théorie et pratique* II, *loc. cit.*, 135-136.

26. Uma análise linguística do controle da verdade é dada por G. Fauconnier. "Comment contrôler la vérité? Remarques illustrées par des assertions dangereuses et pernicieuses en tout genre", *Actes de la recherche en sciences sociales* 25 (janeiro 1979), 1-22.

27. Foi assim que se exigiu em 1970 do University Grants Committee britânico "exercer um papel mais positivo no domínio da produtividade, da especialização, da concentração dos temas e do controle dos prédios limitando os custos destes últimos" (*The Politics of Education: E. Boyle & A. Crosland parlent à M. Kogan*, Penguin of Education Special, 1971). Isto pode parecer contraditório com declarações como as de Brooks, anteriormente citadas (p. 117, nota 20). Mas, 1) a "estratégia" pode ser liberal, e a "tática", autoritária, o que afirma, aliás, Edwards; 2) a responsabilidade no seio das hierarquias dos poderes públicos é frequentemente compreendida no sentido mais estrito, que é a capacidade de corresponder ao desempenho calculável de um projeto; 3) os poderes públicos não estão

ao abrigo das pressões de grupos privados cujo critério de desempenho é imediatamente restritivo. Se as chances de inovação na pesquisa escapam ao cálculo, o interesse público parece ser o de ajudar toda pesquisa, em outras condições que não a da eficácia estimável a termo.

12. O ensino e sua legitimação pelo desempenho

Quanto à outra vertente do saber, a da sua transmissão, isto é, o ensino, parece fácil descrever a maneira pela qual a prevalência do critério de desempenho vem afetá-la.

Admitindo-se a ideia de conhecimentos aceitos, a questão de sua transmissão subdivide-se pragmaticamente numa série de questões: quem transmite? O que é transmitido? A quem? Com base em quê? E de que forma? Com que efeito?[1] Uma política universitária é formada por um conjunto coerente de respostas a estas questões.

No momento em que o critério de pertinência é o desempenho do sistema social suposto, isto é, quando se adota a perspectiva da teoria dos sistemas, transforma-se o ensino superior num subsistema do sistema social, e aplica-se o mesmo critério de desempenho à solução de cada um destes problemas.

O efeito a se obter é a contribuição ótima do ensino superior ao melhor desempenho do sistema social. Ele deverá então formar as competências que são indispensáveis a este último. Elas são de duas espécies. Umas são destinadas mais particularmente a encarar a competição mundial. Variam segundo as "especialidades" respectivas que os Estados-Nações ou as grandes instituições de formação podem vender sobre o mercado mundial. Se nossa hipótese geral for verdadeira, a demanda de *experts*, quadros superiores e quadros médios dos setores de vanguarda designados no início deste estudo, que são o desafio dos próximos anos, aumentará: todas as disciplinas relacionadas com a formação "telemática" (informáticos, cibernéticos, linguistas, matemáticos, lógicos...) deveriam ser reconhecidas como prioritárias em matéria de ensino. E isto na medida em que a multiplicação destes *experts* deveria acelerar os progressos da pesquisa em outros setores do conhecimento, como já se viu para a medicina e a biologia.

Por outro lado, o ensino superior, sempre na mesma hipótese geral, deverá continuar a fornecer ao sistema social as competências correspondentes às suas exigências próprias, que são a de manter sua coesão interna. Anteriormente, esta tarefa comportava a formação e a difusão de um modelo geral de vida, que legitimava ordinariamente o discurso da emancipação. No contexto da deslegitimação, as universidades e as instituições de ensino superior são de agora em diante solicitadas a formar competências, e não mais ideais: tantos médicos, tantos professores de tal ou qual disciplina, tantos engenheiros, administradores, etc. A transmissão dos saberes não aparece mais como destinada a formar uma elite capaz de guiar a nação em sua emancipação. Ela fornece ao sistema os jogadores capazes de assegurar convenientemente seu papel junto aos postos pragmáticos de que necessitam as instituições.[2]

Se os fins do ensino superior são funcionais, quem são os seus destinatários? O estudante já mudou e deverá mudar ainda. Ele não é mais um jovem egresso das "elites liberais"[3] e influenciado de perto ou de longe pela grande tarefa do progresso social compreendido como emancipação. Neste sentido, a universidade "democrática", sem exame de seleção (vestibular), pouco dispendiosa para o estudante e a sociedade, se se calcula o custo-estudante *per capita*, mas acolhendo numerosas inscrições,[4] e cujo modelo era o do humanismo emancipacionista, revela-se hoje pouco eficiente.[5] De fato, o ensino superior já está afetado por uma transformação de importância simultaneamente dirigida por medidas administrativas e por uma demanda social pouco controlada surgindo dos novos usuários, e que tende a ordenar suas funções em duas grandes espécies de serviços.

Por sua função de profissionalização, o ensino superior endereça-se ainda a jovens egressos das elites liberais às quais é transmitida a competência que a profissão julga necessária; vêm juntar-se a isto, por uma via ou por outra (por exemplo, os institutos tecnológicos), mas segundo o mesmo modelo didático, os destinatários dos novos saberes ligados às novas técnicas e tecnologias que são igualmente jovens ainda não "ativos".

Fora destas duas categorias de estudantes que reproduzem a "*intelligentsia* profissional" e a "*intelligentsia* técnica",[6] os outros jovens presentes à universidade são em sua maioria desempregados não contabilizados nas estatísticas de demanda de emprego. Com efeito, seu número excede o fixado em relação às perspectivas profissionais correspondentes às disciplinas nas quais se encontram (letras e ciências humanas). Eles pertencem, na realidade, malgrado sua idade, à nova categoria dos destinatários da transmissão do saber.

Pois, ao lado desta função profissionalizante, a universidade começa ou deveria começar a desempenhar um novo papel no quadro da melhoria das *performances* do sistema, o da reciclagem permanente.[7] Fora das universidades, departamentos ou instituições de vocação profissional, o saber não é e não será mais transmitido em bloco e de uma vez por todas a jovens antes de sua entrada na vida ativa; ele é e será transmitido *à la carte* a adultos já ativos ou esperando sê-lo, em vista da melhoria de sua competência e de sua promoção, mas também em vista da aquisição de informações, de linguagens e de jogos de linguagem que lhes permitam alargar o horizonte de sua vida profissional e de entrosar experiência técnica e ética.[8]

O novo caminho tomado pela transmissão do saber não prossegue sem conflitos. Pois, de um lado, enquanto é do interesse do sistema, e portanto de seus "decisores", encorajar a promoção profissional, já que ela não pode senão melhorar as *performances* do conjunto, por outro lado, tanto a experimentação sobre os discursos, as instituições e os valores, acompanhada por inevitáveis "desordens" no *curriculum*, o controle dos conhecimentos e a pedagogia, sem falar de recaídas sociopolíticas, mostra-se pouco operacional e se vê recusar qualquer crédito em nome da seriedade do sistema. Contudo, o que se delineia aí é uma via de saída fora do funcionalismo tanto menos negligenciável porque foi o funcionalismo que a traçou.[9] Mas pode-se calcular que a responsabilidade seja confiada às redes extrauniversitárias.[10]

De qualquer modo, o princípio de desempenho, mesmo se não permite decidir claramente em todos os casos sobre a política a seguir, tem por consequência global a subordinação das instituições do ensino superior aos poderes constituídos. A partir do momento em que o saber não tem mais seu fim em si mesmo como realização da ideia ou como emancipação dos homens, sua transmissão escapa à responsabilidade exclusiva dos mestres e dos estudantes. A ideia de "franquia universitária" é hoje de outra época. As "autonomias" reconhecidas às universidades após a crise do final dos anos 1960 são de pouco peso perto do fato evidente de que os conselhos de professores quase não participam da decisão sobre o orçamento que chega à sua instituição;[11] eles têm apenas o poder de repartir o montante que lhes é concedido, e ainda assim somente no final de seu percurso.[12]

Agora, o que se transmite nos ensinos superiores? Tratando-se de profissionalização, e atendo-se a um ponto de vista estritamente funcional, o essencial do transmissível é constituído por um estoque organizado de conhecimentos. A aplicação de novas técnicas a este estoque pode ter uma incidência considerável sobre o suporte comunicacional. Não parece indispensável que este seja um curso proferido de viva voz por um professor diante de estudantes mudos, sendo o tempo para perguntas transferido para as seções de "trabalhos" dirigidas por um assistente. Na medida em que os conhecimentos são traduzíveis em linguagem informática, e enquanto o professor tradicional é assimilável a uma memória, a didática pode ser confiada a máquinas articulando as memórias clássicas (bibliotecas etc.) bem como os bancos de dados a terminais inteligentes colocados à disposição dos estudantes.

A pedagogia não sofrerá necessariamente com isto, pois será preciso apesar de tudo ensinar alguma coisa aos estudantes: não os conteúdos, mas o uso dos terminais, isto é, de novas linguagens, por um lado, e, por outro, um manejo mais refinado deste jogo de linguagem que é a pergunta: onde endereçar a questão, isto é, qual a memória pertinente para o que se quer saber? Como formulá-la para evitar os equívocos etc.[13] Nesta perspectiva, uma formação elementar em informática e particularmente em telemática deveria fazer parte obrigatoriamente de uma propedêutica superior, do mesmo modo que a aquisição da prática corrente de uma língua estrangeira, por exemplo.[14]

É somente na perspectiva de grandes relatos de legitimação — vida do espírito e/ou emancipação da humanidade — que a substituição parcial dos professores por máquinas pode parecer deficiente, e mesmo intolerável. Mas é provável que estes relatos já não constituam mais a causa principal do interesse pelo saber. Se esta causa é o poder, este aspecto da didática clássica deixa de ser pertinente. A questão, explícita ou não, apresentada pelo estudante profissionalizante, pelo Estado ou pela instituição de ensino superior não é mais: *isto é verdadeiro?*, mas: *para que serve isto?* No contexto da mercantilização do saber, esta última questão significa comumente: *isto é vendável?* E, no contexto do aumento do poder: *isto é eficaz?* Ora, parece dever ser bem vendável a disposição de uma competência atuante nas condições anteriormente descritas, e ela é eficaz por definição. O que deixa de sê-lo é a competência segundo outros critérios, como o verdadeiro/falso, o justo/injusto etc. e, evidentemente, o fraco desempenho em geral.

A perspectiva de um vasto mercado de competências operacionais está aberta. Os detentores desta espécie de saber são e serão objeto de ofertas e mesmo motivo de disputa de políticas de sedução.[15] Deste ponto de vista, não é o fim do saber que se anuncia, e sim o contrário. A enciclopédia de amanhã são os bancos de dados. Eles excedem a capacidade de cada usuário. Eles são a "natureza" para o homem pós-moderno.[16]

Entretanto, notar-se-á que a didática não consiste somente na transmissão de informação, e que a competência, mesmo atuante, não se resume em se ter uma boa memória de dados ou numa boa capacidade de acesso a memórias-máquinas. É uma banalidade sublinhar a importância da capacidade de atualizar os dados pertinentes para o problema a resolver "aqui e agora" e de ordená-los numa estratégia eficiente.

À medida que o jogo está na informação incompleta, a vantagem cabe àquele que sabe e pode obter um suplemento de informação. Este é o caso, por definição, de um estudante em situação de aprender. Mas, nos jogos de informação completa,[17] o melhor desempenho não pode consistir, por hipótese, na aquisição de um tal suplemento. Ela resulta de um novo arranjo dos dados, que constituem propriamente um "lance". Este novo arranjo obtém-se ordinariamente mediante a conexão de séries de dados tidos até então como independentes.[18] Pode-se chamar imaginação esta capacidade de articular em conjunto o que assim não estava. A velocidade é uma de suas propriedades.[19]

Ora, é permitido representar o mundo do saber pós-moderno como regido por um jogo de informação completa, no sentido de que os dados são em princípio acessíveis a todos os *experts*: não existe segredo científico. O aumento de eficiência, de competência igual, na produção do saber, e não mais em sua aquisição, depende então finalmente desta "imaginação", que permite seja realizar um novo lance, seja mudar as regras do jogo.

Se o ensino deve assegurar não somente a reprodução das competências, como também seu progresso, seria preciso em consequência que a transmissão do saber não fosse limitada à de informações, mas que ela comporte a aprendizagem de todos os procedimentos capazes de melhorar a capacidade de conectar campos que a organização tradicional dos saberes isola ciosamente. A palavra de ordem da interdisciplinaridade, difundida sobretudo após a crise de 1968, mas preconizada bem antes, parece seguir essa direção. Ela chocou-se contra os feudalismos universitários, diz-se. Ela chocou-se com muito mais.

No modelo humboldtiano de universidade, cada ciência ocupa seu lugar num sistema dominado pela especulação. A invasão de uma ciência no campo de uma outra não pode provocar senão confusões, "ruídos", no sistema. As colaborações não podem se realizar senão no nível especulativo, na cabeça dos filósofos.

Ao contrário, a ideia da interdisciplinaridade pertence propriamente à época da deslegitimação e ao seu empirismo apressado. A relação com o saber não é a da realização da vida do espírito ou da emancipação da humanidade; é dos utilizadores de um instrumental conceitual e material complexo e dos beneficiários de suas *performances*. Eles não dispõem de uma metalinguagem nem de um metarrelato para formular-lhe a finalidade e o bom uso. Mas têm o *brain storming* para reforçar-lhe as *performances*.

A valorização do trabalho em equipe pertence a esta prevalência do critério do desempenho no saber. Pois para o que se considera verdadeiro ou se prescreve como justo, o número não quer dizer nada; a não ser se justiça e verdade sejam pensadas em termos de êxito mais provável. Com efeito, as *performances* em geral são melhoradas pelo trabalho em equipe, sob condições que as ciências sociais tornaram precisas há muito tempo.[20] Na verdade, elas alcançaram sucesso em relação ao desempenho no quadro de um modelo dado, isto é, na execução de uma tarefa; a melhoria parece menos certa quando se trata de "imaginar" novos modelos, isto é, quanto a concepção. Ao que parece, têm-se alguns exemplos sobre isto.[21] Mas continua difícil separar o que corresponde ao dispositivo em equipe e o que se deve ao gênio dos participantes.

Observar-se-á que esta orientação concerne mais à produção do saber (pesquisa) que à sua transmissão. É abstrato, e provavelmente nefasto, separá-los completamente, mesmo no quadro do funcionalismo e do profissionalismo. No entanto, a solução, para a qual se orientam de fato as instituições do saber em todo o mundo, consiste em dissociar esses dois aspectos da didática, o da reprodução "simples" e o da reprodução "ampliada", distinguindo entidades de toda natureza, sejam estas instituições, reagrupamentos de disciplinas, alguns dos quais votados à seleção e à reprodução de competências profissionais, e outras, à promoção e à "embalagem" de espíritos "imaginativos". Os canais de transmissão colocados à disposição dos primeiros poderão ser simplificados e generalizados; os segundos têm direito aos pequenos grupos que funcionam num igualitarismo aristocrá-tico.[22] Estes últimos podem fazer parte ou não oficialmente de universidades, isto pouco importa.

Mas o que parece certo é que nos dois casos a deslegitimação e a prevalência do critério do desempenho soam como a hora final da era do Professor: ele não é mais competente que as redes de memórias para transmitir o saber estabelecido, e ele não é mais competente que as equipes interdisciplinares para imaginar novos lances ou novos jogos.

NOTAS

1. Durante os seminários de Princeton Radio Research Center, dirigidos por Lazersfeld em 1939-1940. Lasweel definiu o processo de comunicação pela fórmula: *Who says what to whom in what channel with what effect?* Ver D. Morrison, *art. cit.*

2. O que Parsons define como "ativismo instrumental" elogiando-o a ponto de confundi-lo com o "conhecimento racional": "A orientação para o conhecimento racional é implícita na cultura comum do ativismo ins-trumental, mas ela não se torna mais ou menos explícita e não é muito apreciada senão nas categorias sociais as mais instruídas que a utilizam mais evidentemente em suas atividades profissionais." (T. Parsons & G. M. Platt, "Considerations on the American Academic System", *Minerva* VI [été. 1968], 507; citado por A. Touraine, *Université et société..., loc. cit.*, 146).

3. O que Mueller chama *professional intelligentsia*, opondo-a à *technical in-telligentsia*. Seguindo J. K. Galbraith, descreve a inquietação e a resistência da primeira em face da legitimação tecnocrática (*op. cit.*, 172-177).

4. No início dos anos 1970-71, entre os jovens de 19 anos de idade, a pro-porção dos inscritos no ensino superior era de 30 a 40% no Canadá, nos Estados Unidos, na União Soviética e na Iugoslávia; em torno de 20% na Alemanha, na França, na Grã-Bretanha, no Japão e nos Países Baixos.

Nesses países, tinha duplicado ou triplicado em relação às taxas de 1959. Segundo a mesma fonte (M. Devèze, *Histoire contemporaine de l'université*, Paris. Sedes. 1976, 439-440), a relação população estudante/população total passou, entre 1950 e 1970, de aproximadamente 4% para aproximadamente 10% na Europa ocidental, de 6,1% para 21,3% no Canadá, de 15,1% para 32,5% nos Estados Unidos.

5. Na França, de 1968 a 1975, a receita total dos ensinos superiores (sem o CNRS) passou (em milhões de francos correntes) de 3.015 para 5.454, ou seja, de aproximadamente 0,55% para 0,39% do PNB. Os aumentos observados em cifras absolutas interessam às categorias: remunerações, funcionamento, bolsas; a categoria subvenções para pesquisa permanente sensivelmente estagnada (Devèze, *op. cit.*, 447-450). Nos anos 1970, E. E. David declarava que o Ph.D. não era mais necessário, a não ser para o decênio anterior (*art. cit.*, 212).

6. Segundo a terminologia de Cl. Mueller, *op. cit.*

7. É o que M. Rioux e J. Dofny indicam sob a rubrica "Formação cultural": J. Dofny & Mo Rioux, "Inventaire et bilan de quelques expériences d'intervention de l'université", in *L'université dans son milieu: action et responsabilité* (Colóquio da A.U.P.E.L.F.), Universidade de Montreal, 1971, 155-162. Os autores fazem a crítica do que eles chamam de dois tipos de universidade da América do Norte: os *liberal art colleges*, onde ensino e pesquisa são inteiramente dissociados da demanda social, e a *multiversity*, pronta a fornecer todo ensino, de que a comunidade aceita assumir o custo. Sobre esta última fórmula, ver C. Kerr, *The Uses of the University. With a Postscript – 1972*, Cambridge (Ma), Harvard U.P., 1972. Num sentido análogo, mas sem o intervencionismo da universidade na sociedade que Dofny e Rioux preconizam, ver a descrição da universidade futura dada por M. Alliot durante o mesmo colóquio, "Structures optimales de l'institution universitaire", *ibid.*, 141-154. M. Alliot conclui: "Acreditamos em estruturas, quando no futuro deveria haver o mínimo de estrutura possível." Esta

é a vocação do Centro experimental, depois Universidade de Paris VIII (Vincennes), declarada por ocasião de sua fundação, em 1968. Ver a este respeito o dossiê *Vincennes ou le désir d'apprendre*, Alain Moreau, 1979.

8. O signatário se faz aqui a testemunha da experiência de um grande número de departamentos de Vincennes.

9. A lei de orientação do ensino superior de 12 de novembro de 1968 inclui a formação permanente (entendida de maneira profissionalizante) entre as missões do ensino superior: este "deve estar aberto aos antigos estudantes bem como às pessoas que não tiveram a possibilidade de prosseguir nos estudos a fim de lhes permitir, segundo suas capacidades, melhorar suas chances de promoção ou mudar sua atividade profissional".

10. Numa entrevista à *Télé-sept-jours* 981 (17 março 1979), o ministro francês da Educação, que havia recomendado oficialmente a série *Holocausto*, transmitida no canal 2 (França), aos alunos do ensino público (iniciativa sem precedente), declara que a tentativa do setor educativo de se criar um instrumento audiovisual autônomo emperrou e que "a primeira das tarefas educativas é a de ensinar às crianças a escolherem seus programas" na TV.

11. Na Grã-Bretanha, onde a participação do Estado nas despesas em capital e em funcionamento das universidades passou de 30 para 80% entre 1920 e 1960, foi o University Grants Committee, vinculado ao Ministério do Estado para a ciência e as universidades, que, após exame das necessidades e dos planos de desenvolvimento apresentados pelas universidades, distribuiu entre estas a subvenção anual. Nos Estados Unidos, os trustes são todo-poderosos.

12. Quer dizer, na França, entre os departamentos, para as despesas de funcionamento e de equipamento. As remunerações não são de sua alçada, salvo para os licenciados. O financiamento de projetos, de novas experiências, etc., é custeado pelo "pacote" (verba) pedagógico que cabe à universidade.

13. M. McLuhan, *D'oeil à oreille*, Denoël-Gonthier, 1977; P. Antoine, "Comment s'informer?", *Projet* 124 (abril 1978), 395-413.

14. Sabe-se que o uso de terminais inteligentes é ensinado aos estudantes no Japão. No Canadá, os centros universitários e colegiais isolados usam-nos correntemente.

15. Foi a política seguida pelos centros de pesquisa americanos desde antes da Segunda Guerra Mundial.

16. Nora e Minc escrevem (*op. cit.*, 16): "O principal desafio, nos próximos decênios, não está mais, para os grupos mais avançados da humanidade, na capacidade de dominar a matéria. Esta já foi dominada. Ele reside na dificuldade de construir a rede dos laços que fazem progredir juntas a informação e a organização."

17. A. Rapoport, *Fights, Games and Debates*, Ann Arbor, Un. of Michigan Press, 1960; t.f. Lathébeaudière, *Combats, débats et jeux*, Dunod, 1967.

18. É o Branching Model de Mulkay (ver p. 116, nota 15). G. Deleuze analisou o evento em termos de crescimento de séries em *Logique du sens*. Minuit, 1968, e em *Différence et répétition*, P.U.F., 1968.

19. O tempo é uma variável que entra na determinação da unidade de potência em dinâmica. Ver também P. Virilio, *Vitesse et politique*. Galilée, 1976.

20. J. L. Moreno, *Who shall Survive?* (1934), N.Y., Beacon, 2ª ed., 1953; t.f. Maucorps & Lesage, in J. L. Moreno, *Fondements de la sociologie*, L V, "Perspectives de l'avenir: qui survivra?", P.U.F., 1954.

21. *The Mass Communication Research Center* (Princeton), *The Mental Research Institute* (Palo Alto), *The Massachusetts Institute of Technology* (Boston), *Institut für Sozialforschung* (Frankfurt), entre os mais célebres. Uma parte da argumentação de C. Kerr em favor do que ele chama o *Ideopolis* baseia-se no princípio do ganho em inventividade obtido pelas pesquisas coletivas (*op. cit.*, 91 sq.).

22. D. J. de Solla Price (*Little Science, Big Science, loc. cit.*) tenta constituir a ciência da ciência. Ele estabelece leis (estatísticas) da ciência tomada como objeto social. Assinalamos a lei da clivagem não democrática na p. 104, nota 11. Uma outra lei, a dos "colégios invisíveis", descreve o efeito que resulta da própria multiplicação das publicações e da saturação dos canais de

informação nas instituições científicas: os "aristocratas" do saber tendem por reação a estabelecer redes estáveis de contatos interpessoais agrupando no máximo uma centena de membros cooptados. Sobre estes "colégios", D. Crane dá uma interpretação sociométrica em *Invisible Colleges*, Chicago & Londres, The University of Chicago P., 1972. Ver Lécuyer, *art. cit.*

13. A ciência pós-moderna como pesquisa de instabilidade

Afirmou-se anteriormente que a pragmática da pesquisa científica, sobretudo em seu aspecto de pesquisa de argumentações novas, trazia para o primeiro plano a invenção de "lances" novos e mesmo de novas regras de jogos de linguagem. Importa agora sublinhar este aspecto, que é decisivo no estado atual do saber científico. Deste último poder-se-ia dizer, analogicamente, que ele está em busca de "caminhos de saída da crise", considerando-se crise o determinismo. O determinismo é a hipótese sobre a qual repousa a legitimação pelo desempenho: definindo-se este por uma relação *input/output*, deve-se supor que o sistema no qual faz entrar o *input* encontra-se num estado estável; ele obedece a uma "trajetória" regular através da qual se pode estabelecer a função contínua e derivável que permitirá antecipar convenientemente o *output*.

Esta é a "filosofia" positivista da eficiência. Opondo-lhe aqui alguns exemplos evidentes, procura-se facilitar a discussão final da legitimação. Trata-se em suma de mostrar em alguns casos típicos que a pragmática do saber científico pós-moderno tem, nela mesma, pouca afinidade com a busca do desempenho.

A expansão da ciência não se faz graças ao positivismo da eficiência. É o contrário: trabalhar na prova é pesquisar e inventar o contraexemplo, isto é, o ininteligível; trabalhar na argumentação é pesquisar o "paradoxo" e legitimá-lo com novas regras do jogo de raciocínio. Nos dois casos, a eficiência não é visada por si mesma, ela vem por acréscimo, por vezes tarde, quando os financiadores se interessam enfim pelo caso.[1] Mas, o que não pode deixar de vir e voltar com uma nova teoria, uma nova hipótese, um novo enunciado, uma nova observação, é a questão da legitimidade. Pois é a própria ciência que a si mesma levanta esta questão, e não a filosofia à ciência.

O que está ultrapassado não é perguntar-se o que é verdadeiro e o que é justo, e sim considerar-se a ciência positivista e condenada a este conhecimento ilegitimado, a este meio-saber de acordo com os idealistas alemães. A questão: O *que vale o seu argumento, o que vale a sua prova?* faz de tal modo parte da pragmática do saber científico que é ela que assegura a metamorfose do destinatário do argumento e da prova em questão em destinador de um novo argumento e de uma nova prova, donde a simultânea renovação dos discursos e das gerações científicas. A ciência se desenvolve, e ninguém contesta que ela se desenvolve, desenvolvendo esta questão. E esta mesma questão, desenvolvendo-se, conduz à questão, isto é, à metaquestão ou questão da legitimidade: O *que vale o seu* "o que vale"?[2]

Como já se disse, o traço surpreendente do saber pós-moderno é a imanência a si mesmo, mas explícita, do discurso sobre as regras que o legitimam?[3] O que pôde passar ao final do século XIX por perda de legitimidade e decadência no "pragmatismo" filosófico ou no positivismo lógico não foi senão um episódio, por meio do qual o saber ergueu-se pela inclusão no discurso filosófico do discurso sobre a validação de enunciados com valor como leis. Viu-se que esta inclusão não é uma operação simples, ela dá lugar a "paradoxos" assumidos como eminentemente sérios e a "limitações" no alcance do saber que são, de fato, modificações de sua natureza.

A pesquisa metamatemática que se desenvolve até chegar ao teorema de Gödel é um verdadeiro paradigma desta mudança de natureza.[4] Mas a transformação da dinâmica não é um exemplo menos importante do novo espírito científico, e ela nos interessa particularmente porque obriga a corrigir uma noção que já vimos, e que é grandemente introduzida na discussão da *performance*, particularmente em matéria de teoria social: a noção de sistema.

A ideia de *performance* implica a de sistema com estabilidade firme, porque repousa sobre o princípio de uma relação, a relação sempre calculável em princípio entre calor e trabalho, entre fonte quente e fonte fria, entre *input* e *output*. É uma ideia que vem da termodinâmica. Ela está associada à representação de uma evolução previsível das *performances* do sistema, sob a condição que se lhe conheçam todas as variáveis. Esta condição é claramente expressa a título de limite pela ficção do "demônio" de Laplace:[5] de posse de todas as variáveis que determinam o estado do universo em um instante t, ele pode prever o seu estado no instante $t' > t$. Essa suposição é sustentada pelo princípio de que os sistemas físicos, inclusive o sistema dos sistemas que é o universo, obedecem a regularidades, que por conseguinte sua evolução delineia uma trajetória previsível e dá lugar a funções contínuas "normais" (e à futurologia...).

Com a mecânica quântica e a física atômica, a extensão deste princípio deve ser limitada. E isto de dois modos, cujas respectivas implicações não têm o mesmo alcance. Primeiramente, a definição do estado inicial de um sistema, isto é, de todas as variáveis independentes, se ela devesse ser efetiva, exigiria uma despesa de energia no mínimo equivalente àquela que consome o sistema a ser definido. Uma versão leiga desta impossibilidade de fato de efetuar a medida completa de um estado do sistema é dada por uma observação de Borges: um imperador quer estabelecer um mapa perfeitamente preciso do império. O resultado é a ruína do país: a população inteira consagra toda a sua energia à cartografia?[6]

Com o argumento de Brillouin[7] a ideia (ou a ideologia) do controle perfeito de um sistema, que deve permitir melhorar suas *performances*, mostra-se inconsistente em relação à contradição: ela faz cair o desempenho que declara elevar. Esta inconsistência explica em particular a fraqueza das burocracias estatais e socioeconômicas: elas sufocam os sistemas ou os subsistemas sob seu controle, e asfixiam-se ao mesmo tempo que a si mesmas (*feedback* negativo). O interesse de uma tal explicação é que ela não tem necessidade de recorrer a uma outra legitimação a não ser a do sistema — por exemplo, a da liberdade dos agentes humanos que as levanta contra uma autoridade excessiva. Admitindo-se que a sociedade seja um sistema, seu controle, que implica a definição precisa do seu estado inicial, não pode ser efetivo, porque esta definição não pode ser efetuada.

Além disso, esta limitação não coloca em causa senão a efetividade de um saber preciso e do poder que dele resulta. Sua possibilidade de princípio permanece intacta. O determinismo clássico continua a constituir o limite, excessivamente caro, mas concebível, do conhecimento dos sistemas.[8]

A teoria quântica e a microfísica obrigam a uma revisão muito radical da ideia de trajetória contínua e previsível. A busca da precisão não se choca com um limite devido ao seu custo, mas à natureza da matéria. Não é verdade que a incerteza, isto é, a ausência de controle, diminua à medida que a precisão aumente: ela aumenta também. Jean Perrin propõe o exemplo da medida da densidade verdadeira (quociente massa/volume) do ar contido numa esfera. Ela varia sensivelmente quando o volume da esfera passa de 1.000m^3 a 1cm^3; ela varia muito pouco de 1cm^3 a 1/1.000^{me} de mm^3, mas já se pode observar neste intervalo o aparecimento de variações de densidade da ordem do milhar, que se produzem irregularmente. À medida que o volume da esfera se contrai, a importância destas variações aumenta: para um volume da ordem de 1/10me de mícron cúbico, as variações atingem a ordem do milésimo; para 1/100me de mícron cúbico, elas são da ordem da quinta parte.

Diminuindo ainda mais o volume, atinge-se a ordem do raio molecular. Se a esférula encontra-se no vazio entre duas moléculas de ar, a densidade verdadeira do ar é *nula*. Contudo, na proporção de uma vez sobre mil, aproximadamente, o centro da esférula "cairá" no interior de uma molécula, e a densidade média neste ponto é então comparável ao que se chama de densidade verdadeira do gás. Se se desce a dimensões intra-atômicas, a esférula tem todas as chances de se encontrar no vazio, novamente com densidade nula. Uma vez em um milhão de casos, no entanto, seu centro pode se encontrar situado num corpúsculo ou no núcleo do átomo, e então a densidade se tornará muitos milhões de vezes superior à da água. "Se a esférula se contrair ainda mais (...), provavelmente a densidade média retornará logo e será nula, como a densidade verdadeira, salvo em certas posições muito raras em que ela atingirá valores colossalmente mais elevados que os precedentes."[9]

O conhecimento relativo à densidade do ar abrange portanto uma multiplicidade de enunciados que são totalmente incompatíveis entre si, e não se tornam compatíveis a não ser que sejam relativizados em relação à escala escolhida pelo enunciador. Por outro lado, em determinadas escalas, o enunciado desta medida não se resume numa asserção simples, mas numa asserção modalizada do tipo: é plausível que a densidade seja igual a zero, mas não exclui que ela seja da ordem de 10^n, sendo *n* muito elevado.

Aqui, a relação do enunciado do cientista com "o que diz" a "natureza" parece originar-se de um jogo de informação não completa. A modalização do enunciado do primeiro exprime o fato de que o enunciado efetivo, singular (o *token*) que proferirá a segunda não é previsível. O que é calculável é a chance de que este enunciado diga isto e não aquilo. No nível microfísico, uma "melhor" informação, isto é, com maior capacidade de desempenho, não pode ser obtida. A questão não é a de conhecer o que é o adversário (a "natureza"), e sim saber que jogo ele joga. Einstein se revoltava com a ideia de que "Deus joga dados".[10] É, no entanto, um jogo que permite estabelecer regularidades estatísticas "suficientes" (tanto pior para a imagem que se fazia do supremo Determinante). Se ele jogava bridge, os "acasos primários" que a ciência encontra deveriam ser imputados não mais à indiferença do dado em relação às suas faces, mas à astúcia, isto é, a uma escolha ela mesma deixada ao acaso entre várias estratégias puras possíveis.[11]

Em geral, admite-se que a natureza é um adversário indiferente, mas não astuto, e distingue-se as ciências da natureza e as ciências do homem com base nesta diferença.[12] Isto significa em termos pragmáticos que a "natureza" no primeiro caso é o referente, mudo, mas tão constante quanto um dado lançado um grande número de vezes, a respeito do qual os cientistas trocam os enunciados denotativos que são os lances que eles fazem uns aos outros, enquanto no segundo caso, sendo o homem o referente, é também um parceiro que, falando, desenvolve uma estratégia, inclusive mista, diante da do cientista: o acaso com o qual este se choca então não é de objeto ou de indiferença, mas de comportamento ou de estratégia,[13] isto é, agonístico.

Será dito que estes problemas concernem a microfísica, e que eles permitem o estabelecimento de funções contínuas suficientemente semelhantes para permitir uma boa previsão probabilista da evolução dos sistemas. Assim, os teóricos do sistema, que são também os da legitimação pela *performance*, acreditam ter reencontrado seus direitos. Todavia, vê-se delinear na matemática contemporânea uma corrente que põe novamente em causa a medida precisa e a previsão de comportamentos de objetos segundo a escala humana.

Mandelbrot coloca suas pesquisas sob a autoridade do texto de Perrin que comentamos. Mas amplia-lhe o alcance numa perspectiva inesperada. "As funções de derivada, escreve ele, são as mais simples, as mais fáceis de tratar, são no entanto a exceção; ou, se se prefere uma linguagem geométrica, as curvas que não têm tangente são a regra, e as curvas bem regulares, tais como o círculo, são casos interessantes, mas muito especiais."[14]

A constatação não tem um simples interesse de curiosidade abstrata, ela vale para a maioria dos dados experimentais: os contornos de uma bolha de água de sabão salgado apresentam tais infractuosidades que é impossível para o olho fixar uma tangente em algum ponto de sua superfície. O modelo é dado aqui pelo movimento browniano, e sabe-se que uma de suas propriedades é de que o vetor do deslocamento da partícula a partir de um ponto é isótropo, isto é, que todas as direções possíveis são igualmente prováveis.

Mas reaparece o mesmo problema na escala habitual se, por exemplo, se quiser medir com precisão a costa da Bretanha, a superfície da Lua coberta de crateras, a distribuição da matéria estelar, as "rajadas" de ruídos numa ligação telefônica, as turbulências em geral, a forma das nuvens, enfim, a maioria dos contornos e das distribuições das coisas que não sofreram a uniformização imposta pela mão dos homens.

Mandelbrot mostra que a figura apresentada por este gênero de dados as aproxima de curvas correspondentes às funções contínuas não deriváveis. Um modelo simplificado seria a curva de Von Koch;[15] ela possui uma homotetia interna; pode-se mostrar formalmente que a dimensão de homotetia sobre a qual ela é construída não é um inteiro mas o log 4 / log 3. Tem-se o direito de dizer que tal curva situa-se num espaço cujo "número de dimensões" está entre 1 e 2, e que ela é portanto intuitivamente intermediária entre linha e superfície. É porque sua dimensão pertinente de homotetia é uma fração que Mandelbrot chama estes objetos de objetos fractais.

Os trabalhos de René Thom[16] seguem um sentido análogo. Eles interrogam diretamente a noção de sistema estável, que é pressuposta no determinismo laplaciano e mesmo probabilista.

Thom estabelece a linguagem matemática que permite descrever como descontinuidades podem se produzir formalmente em fenômenos determinados e dar lugar a formas inesperadas: esta linguagem constitui a teoria dita das catástrofes.

Seja a agressividade como variável de estado de um cão; ela cresce na função direta de sua raiva, variável de controle.[17] Supondo que esta seja mensurável, chegando a determinado limite, traduz-se em ataque. O medo, segunda variável de controle, terá o efeito inverso, e, chegando a determinado limite, traduzir-se-á pela fuga. Sem raiva nem medo, a conduta do cão é neutra (vértice da curva de Gauss). Mas, se as duas variáveis de controle crescem juntas, as duas serão aproximadas ao mesmo tempo: a conduta do cão torna-se imprevisível, ela pode passar bruscamente do ataque à fuga, e inversamente. O sistema é chamado instável: as variáveis de controle variam continuamente, e as de estado, descontinuamente.

Thom mostra que se pode escrever a equação desta instabilidade e desenhar o gráfico (tridimensional, já que existem duas variáveis de controle e uma de estado) que determina todos os movimentos do ponto representando o comportamento do cão, e entre eles a passagem brusca de um comportamento a outro. Esta equação caracteriza um tipo de catástrofe, que é determinado pelo número de variáveis de controle e de variáveis de estado (aqui 2 + 1).

A discussão sobre os sistemas estáveis ou instáveis, sobre o determinismo ou não, encontra aqui uma saída, que Thom formula em um postulado: "O caráter mais ou menos determinado de um processo é determinado pelo estado local deste processo."[18] O determinismo é uma espécie de funcionamento que é ele mesmo determinado: a natureza realiza em qualquer circunstância a morfologia local menos complexa, que seja portanto compatível com os dados iniciais locais.[19] Mas é possível, e é mesmo mais frequente, que estes dados impeçam a estabilização de uma forma. Pois elas estão frequentemente em conflito: "O modelo das catástrofes reduz todo o processo causativo a um único, cuja justificação intuitiva não apresenta problemas: o conflito, pai de todas as coisas, segundo Heráclito."[20] Existem mais chances de que as variáveis de controle sejam incompatíveis que o contrário. Não existem assim senão "ilhas de determinismo". O antagonismo catastrófico é a regra, no sentido próprio: existem as regras da agonística geral das séries, que se definem pelo número de variáveis em jogo.

Pode-se encontrar uma repercussão (atenuada, é verdade) dos trabalhos de Thom nas pesquisas da escola de Palo Alto, notadamente na aplicação da paradoxologia ao estudo da esquizofrenia, que é conhecida com o nome de *Double Bind Theory*.[21] Apenas daremos aqui notícia desta aproximação. Ela permite compreender a extensão destas pesquisas centradas sobre as singularidades e as "incomensurabilidades" até o domínio da pragmática das dificuldades mais cotidianas.

A ideia que se tira destas pesquisas (e de muitas outras) é de que a preeminência da função contínua de derivada como paradigma do conhecimento e da previsão está em vias de desaparecer. Interessando-se pelos indecidíveis, nos limites da precisão do controle, pelos quanta, pelos conflitos de informação não completa, pelos "fracta", pelas catástrofes, pelos paradoxos paradigmáticos, a ciência pós-moderna torna a teoria de sua própria evolução descontínua, catastrófica, não retificável, paradoxal. Muda o sentido da palavra saber e diz como esta mudança pode se fazer. Produz, não o conhecido, mas o desconhecido. E sugere um modelo de legitimação que não é de modo algum o da melhor *performance*, mas o da diferença compreendida como paralogia.[22]

Como diz muito bem um especialista da teoria dos jogos, cujos trabalhos seguem a mesma direção: "Onde está então a utilidade desta teoria? Achamos que a teoria dos jogos, como toda teoria elaborada, é útil no sentido de que ela gera ideias."[23] Por sua parte, P. B. Medawar[24] dizia que "ter ideias é o supremo êxito para um cientista", que não existe "método científico"[25] e que um cientista é em princípio alguém que "conta histórias", cabendo-lhe simplesmente verificá-las.

NOTAS

1. B. Mandelbrot (*Les objets fractals. Forme, hasard et dimension.* Flammarion, 1975) apresenta num Apêndice (172-183) "esboços biográficos" de pesquisadores em matemáticas e em física reconhecidos tardiamente ou que ficaram desconhecidos por causa da estranheza de suas ideias e malgrado a fecundidade de suas descobertas.

2. Um exemplo célebre é dado pela discussão sobre o determinismo desencadeada pela mecânica quântica. Ver, por exemplo, a apresentação da correspondência entre M. Born e A. Einstein (1916-55) por J. M. Lévy-Leblond, "Le grand débat de la mécanique quantique", *La recherche* 20 (fevereiro 1972), 137-144. A história das ciências humanas há um século está repleta destas passagens do discurso antropológico ao nível de metalinguagem.

3. I. Hassan dá uma "imagem" do que ele chama *immanence* in "Culture, Indeterminacy, and Immanence", *loc. cit.*

4. Ver p. 115, nota 6.

5. P. S. Laplace, *Exposition du système du monde*, I & II, 1796.

6. Do rigor da ciência, *Histoire de l'infamie*, Monaco, Rocher, 1951. A nota em questão é atribuída por Borges a Suarez Miranda, *Viajes de Varones Prudentes* IV, 14, Lerida, 1658. O resumo dado aqui é em parte infiel.

7. A própria informação custa energia, a neguentropia que ela constitui suscita a entropia. M. Serres faz frequentemente referência a este argumento, por exemplo, em *Hermès* III, *La traduction*, Minuit, 1974, 92.

8. Seguimos aqui I. Prigogine & L. Stengers, "La dynamique, de Leibniz à Lucrèce", *Critique* 380 (n. spécial Serres) (janeiro 1979), 49.

9. J. Perrin, *Les atomes* (1913), P.U.F., 1970, 14-22. O texto foi colocado por Mandelbrot como Introdução aos *Objets fractals, loc. cit.*

10. Citado por W. Heisenberg, *Physis and beyond*, N.Y., 1971.

11. Numa comunicação à Academia de Ciências (dezembro de 1921), Borel sugeria que "nos jogos em que a melhor maneira de jogar não existe" (jogos de informação incompleta), "pode-se perguntar se não é possível, na falta de um código escolhido uma vez por todas, jogar de uma maneira vantajosa variando o seu jogo." É a partir desta distinção que Von Neumann mostra que esta probabilização da decisão é ela mesma em certas condições "a melhor maneira de jogar". Ver G. Th. Guilbaud, *Eleménts de la théorie mathématique des jeux*, Dunod, 1968, 17-21. E J. P. Séris, *La théorie des jeux*, P.U.F., 1974 (compilação de textos). Os artistas "pós-modernos" empregam correntemente estes conceitos; ver, por

exemplo, J. Cage, *Silence*, e *A Year from Monday*, Middletown (Conn.), Wesleyan U.P., 1961 e 1967.

12. I. Epstein, "Jogos", *Ciência e Filosofia*, Revista Interdisciplinar, Universidade de São Paulo, 1 (1979).

13. "A probabilidade reaparece aqui não mais como princípio constitutivo de uma estrutura de objeto, mas como princípio regulador de uma estrutura de comportamento" (G. G. Granger, *Pensée formelle et sciences de l'homme*, Aubier-Montaigne, 1960, 142). A ideia de que os deuses jogam, digamos, bridge, seria antes uma hipótese grega pré-platônica.

14. *Op. cit.*, 4.

15. Curva contínua não retificável à homotetia interna. Ela é descrita por Mandelbrot, *op. cit.*, 30. Foi estabelecida por H. von Koch em 1904. Ver *Objets fractals*, bibliografia.

16. *Modèles mathématiques de la morphogenèse*, 10/18, 1974. Uma exposição acessível ao leigo sobre a teoria das catástrofes é dada por K. Pomian, "Catastrophes et déterminisme". *Libre* 4 (1978), Payot. 115-136.

17. O exemplo é tomado por Pomian de E. C. Zeemann, "The Geometry of Catastrophe", *Times Literary Supplement* (10, dezembro 1971).

18. R. Thom, *Stabilité structurelle et morphogenèse. Essai d'une théorie générale des modèles*, Reading (Mass.), Benjamin, 1972, 25. Citado por Pomian, *loc. cit.*, 134.

19. R. Thom, *Modèles mathématiques*, *loc. cit.*, 24.

20. *Ibid.*, 25.

21. Ver sobretudo Watzlawick *et al.*, *op. cit.*, cap. VI.

22. "É preciso distinguir as condições da produção do saber científico do saber que é produzido (...). Existem duas etapas constitutivas da *démarche* científica —, tornar desconhecido o conhecido, depois reorganizar este desconhecido num metassistema simbólico independente (...). A especificidade da ciência se deve à sua imprevisibilidade" (Ph. Breton, *Pandore* 3, abril, 1979, 10).

23. A. Rapoport, *Théoire des jeux à deux personnes*, t.f. Renard, Dunod, 1969, 159.

24. P. B. Medawar, *The Art of the Soluble*, Londres, Methuen, 6ª ed. 1967, notadamente os capítulos intitulados "Two Conceptions of Science" e "Hypothesis and Imagination".

25. P. Feyerabend, *Against Method*, Londres, N.L.B., 1975, explica isto apoiando-se no exemplo de Galileu, e considera "anarquismo" ou "dadaísmo" epistemológico contra Popper e Lakatos.

14. A legitimação pela paralogia

Convenhamos que os dados do problema da legitimação do saber estejam hoje suficientemente desembaraçados para o nosso propósito. O recurso aos grandes relatos está excluído; não seria o caso, portanto, de recorrer nem à dialética do Espírito nem mesmo à emancipação da humanidade para a validação do discurso científico pós-moderno. Mas, como vimos, o "pequeno relato" continua a ser a forma por excelência usada pela invenção imaginativa, e antes de tudo pela ciência.[1] Por outro lado, o princípio do consenso como critério de validação também parece insuficiente. Ou ele é o assentimento dos homens, como inteligências conhecedoras e vontades livres, obtido por meio do diálogo — e é sob esta forma que se encontra elaborado por Habermas, embora esta concepção repouse sobre a validade do relato da emancipação —, ou então ele é manipulado pelo sistema como uma de suas componentes visando a manter e melhorar suas *performances*.[2] Ele constitui o objeto de procedimentos administrativos, no sentido de Luhmann. Não vale, então, a não ser como meio para o verdadeiro fim, o que legitima o sistema, o poder.

O problema é portanto o de saber se é possível uma legitimação que se valesse apenas da paralogia. É preciso distinguir o que é propriamente paralogia do que é inovação: esta é comandada ou pelo menos utilizada pelo sistema para melhorar sua eficiência; aquela é um lance, de importância muitas vezes desconhecida de imediato, feito na pragmática dos saberes. Que, na realidade, uma se transforma na outra, é frequente, mas não necessário, e não necessariamente inoportuno para a hipótese.

Se se parte da descrição da pragmática científica (seção 7), a ênfase deve ser colocada de agora em diante sobre o dissentimento. O consenso é um horizonte, jamais ele é atingido. As pesquisas que se fazem sob a égide de um paradigma[3] tendem a estabilizá-lo; elas são como a exploração de uma "ideia" tecnológica, econômica, artística. Isto não é nada. Mas admira-se que venha sempre alguém para desarranjar a ordem da "razão". É preciso supor um poder que desestabilize as capacidades de explicar e que se manifeste pela regulamentação de novas normas de inteligência ou, se se prefere, pela proposição de novas regras para o jogo de linguagem científico, que irão circunscrever um novo campo de pesquisa. É, no comportamento científico, o mesmo processo que Thom chama morfogênese. Ele próprio não é sem regras (existem categorias de catástrofes), mas sua determinação é sempre local. Transposta à discussão científica e colocada numa perspectiva de tempo, esta propriedade implica a imprevisibilidade das "descobertas". Em relação a um ideal de transparência, ela é um fator de formação de opacidades, que relega o momento do consenso para mais tarde.[4]

Esta preparação revela claramente que a teoria dos sistemas e o tipo de legitimação que ela propõe não têm nenhuma base científica: nem a própria ciência funciona em sua pragmática segundo o paradigma do sistema admitido por esta teoria, nem a sociedade pode ser descrita segundo este paradigma nos termos da ciência contemporânea.

Examinemos a este respeito dois pontos da argumentação de Luhmann. O sistema não pode funcionar senão reduzindo, por um lado, a complexidade; por outro lado, ele deve suscitar a adaptação das aspirações individuais aos seus próprios fins.[5] A redução da complexidade é exigida pela competência do sistema quanto ao poder. Se todas as mensagens pudessem circular livremente entre todos os indivíduos, a quantidade de informações a se levar em conta para fazer as escolhas pertinentes retardaria consideravelmente o prazo da decisão e, portanto, o desempenho. A velocidade é, com efeito, uma componente do poder do conjunto.

Será contraposto que é preciso levar em conta estas opiniões moleculares, se não se quer correr o risco das perturbações graves. Luhmann responde, e é este o segundo ponto, que é possível dirigir as aspirações individuais por um processo de "quase aprendizagem", "livre de toda perturbação", a fim de que elas se tornem compatíveis com as decisões do sistema. Estas últimas não têm que respeitar as aspirações que devem visar a estas decisões, pelo menos seus efeitos. Os procedimentos administrativos farão os indivíduos "querer" o que é preciso ao sistema para ser eficiente.[6] Vê-se de que utilidade as técnicas telemáticas podem e poderão ser nesta perspectiva.

Não se trata de negar toda força de persuasão à ideia de que o controle e a dominação do contexto valem em si mesmos mais que sua ausência. O critério do desempenho tem "vantagens". Exclui em princípio a adesão a um discurso metafísico, requer o abandono de fábulas, exige espíritos claros e vontades frias, coloca o cálculo das interações no lugar da definição de essências, faz com que os "jogadores" assumam a responsabilidade não somente dos enunciados que eles propõem, mas também das regras às quais eles os submetem para torná-los aceitáveis. Coloca em plena luz as funções pragmáticas do saber na medida em que elas pareçam se dispor sob o critério de eficiência: pragmáticas da argumentação, da administração da prova, da transmissão do conhecido, da aprendizagem por imaginação.

Contribui também para elevar todos os jogos de linguagem, mesmo se eles não provêm do saber canônico, ao conhecimento de si mesmos, tende a fazer oscilar o discurso cotidiano numa espécie de metadiscurso: os enunciados comuns manifestam uma propensão a se citarem a si mesmos e as diversas posições pragmáticas a se referirem indiretamente à mensagem aliás atualizada que as concerne.[7] Pode sugerir que os problemas de comunicação interna que a comunidade científica encontra em seu trabalho para desfazer e refazer suas linguagens são de uma natureza comparável aos da coletividade social quando, privada da cultura dos relatos, deve colocar à prova sua comunicação consigo mesma e a partir daí interrogar-se sobre a natureza da legitimidade das decisões tomadas em seu nome.

Com o risco de escandalizar, o sistema pode relacionar a dureza entre as suas vantagens. No quadro do critério de poder, uma exigência (isto é, uma forma da prescrição) não se legitima pelo fato de proceder do sofrimento de uma necessidade não satisfeita. O direito não resulta do sofrimento e sim do fato de que o tratamento deste torna o sistema mais eficiente. As necessidades dos mais desfavorecidos não devem por princípio servir de regulador ao sistema, visto que, sendo já conhecida a maneira de satisfazê-las, esta satisfação não pode melhorar suas *performances*, mas somente tornar pesadas suas despesas. A única contraindicação é de que a não satisfação pode desestabilizar o conjunto. Ele é contrário à força de se regulamentar sobre a fraqueza. Mas é próprio do sistema suscitar demandas novas que deverão contribuir para a redefinição das normas de "vida".[8] Neste sentido, o sistema apresenta-se como a máquina de vanguarda atraindo a humanidade, desumanizando-a, para tornar a humanizá-la em outro nível de capacidade normativa. Os tecnocratas declaram não poder fiar-se no que a sociedade declara serem suas necessidades. Eles "sabem" que ela mesma não pode conhecê-las, já que estas não são variáveis independentes das novas tecnologias.[9] Eis aí o orgulho dos decisores, e sua cegueira.

Este "orgulho" significa que eles se identificam com o sistema social concebido como uma totalidade em busca de uma unidade com o maior desempenho possível. A pragmática científica nos ensina precisamente que esta identificação é impossível: em princípio, nenhum cientista encarna o saber e negligencia as "necessidades" de uma pesquisa ou as aspirações de um pesquisador sob pretexto de que eles não são úteis para a "ciência" como totalidade. A resposta normal do pesquisador às demandas é, antes, a seguinte: É preciso ver, conte sua história.[10] Em princípio ainda, ele não prejulga que o caso já seja regulado, nem que "a ciência" sofrerá em seu poder se o reexaminar. Dá-se mesmo o inverso.

Naturalmente, não acontece sempre assim na realidade. Não se considera o cientista cujo "lance" foi negligenciado ou reprimido, por vezes durante decênios, porque ele desestabilizava muito violentamente posições adquiridas não somente na hierarquia universitária e científica, mas na problemática.[11] Quanto mais um "lance" é forte, mais fácil é recusar-lhe o consenso mínimo, justamente porque ele muda as regras do jogo sobre as quais havia consenso. Mas, quando a instituição de saber funciona desta maneira, ela se conduz como um poder ordinário, cujo comportamento é regulado em homeostasia.

Este comportamento é terrorista, como o é o do sistema descrito por Luhmann. Entende-se por terror a eficiência oriunda da eliminação ou da ameaça de eliminação de um parceiro fora do jogo de linguagem que se jogava com ele. Ele se calará ou dará seu assentimento não porque ele é refutado, mas ameaçado de ser privado de jogar (existem muitas espécies de privação). A arrogância dos decisores, em princípio sem equivalente nas ciências, volta a exercer este terror. Ele diz: *Adaptai vossas aspirações aos nossos fins, senão...*[12]

Mesmo a permissividade em relação aos diversos jogos é colocada sob a condição de desempenho. A redefinição das normas de vida consiste na melhoria da competência do sistema em matéria de poder. Isto é particularmente evidente com a introdução das tecnologias telemáticas: os tecnocratas veem nelas a promessa de uma liberalização e de um enriquecimento das interações entre locutores, mas o efeito interessante é que isto resultará em novas tensões no sistema, que melhorarão suas *performances*.[13]

Na medida em que é diversificante, a ciência em sua pragmática oferece o antimodelo do sistema estável. Retém-se um enunciado a partir do momento em que ele comporta a diferença com o que é sabido e quando é argumentável e provável. Ela é um modelo de "sistema aberto"[14] no qual a pertinência do enunciado está em que "gera as ideias", isto é, outros enunciados e outras regras de jogo. Não existe na ciência uma metalíngua geral na qual todas as outras podem ser transcritas e avaliadas. É isto que impede a identificação com o sistema e, pensando bem, o terror. A clivagem entre decisores e executantes, se ela existe na comunidade científica (e existe), pertence ao sistema socioeconômico, não à pragmática científica. Ela é um dos principais obstáculos ao desenvolvimento da imaginação dos saberes.

A questão da legitimação generalizada torna-se a seguinte: qual é a relação entre o antimodelo oferecido pela pragmática científica e a sociedade? É ele aplicável às imensas camadas de matéria de linguagem (*langagière*) que formam as sociedades? Ou permanece ele limitado ao jogo do conhecimento? E, neste caso, que papel joga ele com relação ao vínculo social? Ideal inacessível de comunidade aberta? Componente indispensável do subconjunto dos decisores, aceitando para a sociedade o critério de desempenho que rejeita para si mesmo? Ou, ao contrário, recusa de cooperação com os poderes e ingresso na contracultura, com o risco da extinção de toda possibilidade de pesquisa por falta de créditos?[15]

Desde o início deste estudo sublinhamos a diferença não somente formal, mas pragmática, que separa os diversos jogos de linguagem, notadamente denotativos ou de conhecimento, e prescritivos ou de ação. A pragmática científica está centrada sobre os enunciados denotativos, daí resultando instituições de conhecimento (institutos, centros, universidades etc.). Mas seu desenvolvimento pós-moderno coloca em primeiro plano um "fato" decisivo: é que mesmo a discussão de enunciados denotativos exige regras. Ora, as regras não são enunciados denotativos, mas prescritivos, que é melhor chamar metaprescritivos para evitar confusões (eles prescrevem o que devem ser os lances dos jogos de linguagem para ser admissíveis). A atividade diversificante, ou de imaginação, ou de paralogia na pragmática científica atual, tem por função revelar estes metaprescritivos (os "pressupostos")[16] e de pedir para que os parceiros aceitem outros. A única legitimação que ao final das contas torna aceitável esta *démarche* seria a de que produzirá ideias, isto é, novos enunciados.

A pragmática social não tem a "simplicidade" que possui a das ciências. É um monstro formado pela imbricação de um emaranhado de classes de enunciados (denotativos, prescritivos, performativos, técnicos, avaliativos etc.) heteromorfos. Não existe nenhuma razão de pensar que se possa determinar meta-prescrições comuns a todos estes jogos de linguagem e que um consenso revisável, como aquele que reina por um momento na comunidade científica, possa abarcar o conjunto das metapres-crições que regulem o conjunto dos enunciados que circulam na coletividade. É ao abandono desta crença que hoje se relaciona o declínio dos relatos de legitimação, sejam eles tradicionais ou "modernos" (emancipação da humanidade, devir da Ideia). É igualmente a perda desta crença que a ideologia do "sistema" vem simultaneamente suprir por sua pretensão totalizante e exprimir pelo cinismo do seu critério de desempenho.

Por esta razão, não parece possível, nem mesmo prudente, orientar, como faz Habermas, a elaboração do problema da legiti-mação no sentido da busca de um consenso universal[17] em meio ao que ele chama o *Diskun*, isto é, o diálogo das argumentações.[18]

Trata-se, com efeito, de supor duas coisas. A primeira é que todos os locutores podem entrar num acordo sobre regras ou metaprescrições válidas universalmente para todos os jogos de linguagem, quando está claro que estes são heteromorfos e resultam de regras pragmáticas heterogêneas.

A segunda suposição é que a finalidade do diálogo é o con-senso. Mas mostramos, analisando a pragmática científica, que o consenso não é senão um estado das discussões e não o seu fim. Este é antes a paralogia. O que desaparece com esta dupla constatação (heterogeneidade das regras, busca do dissentimento) é uma crença que anima ainda a pesquisa de Habermas, a saber, que a humanidade como sujeito coletivo (universal) procura sua emancipação comum por meio da regularização dos "lances" permitidos em todos os jogos de linguagem, e que a legitimidade de um enunciado qualquer reside em sua contribuição a esta emancipação.[19]

Compreende-se bem qual é a função deste recurso na argumentação de Habermas contra Luhmann. O *Diskurs* é o último obstáculo oposto à teoria do sistema estável. A causa é boa, mas os argumentos não o são.[20] O consenso tornou-se um valor ultrapassado, e suspeito. A justiça, porém, não o é. É preciso então chegar a uma ideia e a uma prática da justiça que não seja relacionada à do consenso.

O reconhecimento da heterogeneidade dos jogos de linguagem é um primeiro passo nesta direção. Ela implica evidentemente a renúncia ao terror, que supõe e tenta realizar sua isomorfia. O segundo é o princípio que, se existe consenso sobre as regras que definem cada jogo e os "lances" que aí são feitos, este consenso *deve* ser local, isto é, obtido por participantes atuais e sujeito a uma eventual anulação. Orienta-se então para as multiplicidades de meta-argumentações versando sobre metaprescritivos e limitadas no espaço-tempo.

Esta orientação corresponde à evolução das interações sociais, em que o contrato temporário suplanta de fato a instituição permanente de matérias profissionais, afetivas, sexuais, culturais, familiares e internacionais, como nos negócios políticos. A evolução é, assim, equívoca: o contrato temporário é favorecido pelo sistema por causa de sua grande flexibilidade, de seu menor custo, e da efervescência de motivações que o acompanha, sendo que todos estes esforços contribuem para uma melhor operatividade. De qualquer modo, a questão não é propor uma alternativa "pura" ao sistema: todos nós sabemos, neste final dos anos 1970, que ela será semelhante ao próprio sistema. Devemos nos alegrar que a tendência ao contrato temporário seja equívoca: ela não pertence à exclusiva finalidade do sistema, mas este a tolera, e ela evidencia em seu seio uma outra finalidade, a do conhecimento dos jogos de linguagem como tais e da decisão de assumir a responsabilidade de suas regras e de seus efeitos, sendo o principal destes o que revalida a adoção destas, a pesquisa da paralogia.

Quanto à informatização das sociedades, vê-se enfim como ela afeta esta problemática. Ela pode tornar-se o instrumento "sonhado" de controle e de regulamentação do sistema do mercado, abrangendo até o próprio saber, e exclusivamente regido pelo princípio de desempenho. Ela comporta então inevitavelmente o terror. Pode também servir os grupos de discussão sobre os metaprescritivos dando-lhes as informações de que eles carecem ordinariamente para decidir em conhecimento de causa. A linha a seguir para fazê-la bifurcar neste último sentido é bastante simples em princípio: é a de que o público tenha acesso livremente às memórias e aos bancos de dados.[21] Os jogos de linguagem serão então jogos de informação completa no momento considerado. Mas eles serão também jogos de soma não nula e, nesse sentido, as discussões não correrão o risco de se fixar jamais sobre posições de equilíbrio mínimos, por esgotamento das disputas. Pois as disputas serão então constituídas por conhecimentos (ou informações) e a reserva de conhecimentos, que é a reserva da língua em enunciados possíveis, é inesgotável. Uma política se delineia na qual serão igualmente respeitados o desejo de justiça e o que se relaciona ao desconhecido.

NOTAS

1. Não foi possível no quadro deste estudo analisar a forma que toma o retorno do relato nos discursos de legitimação, tais que: o sistemático aberto, a localidade, o antimétodo, e em geral tudo o que nós agrupamos aqui sob o nome de paralogia.

2. Nora e Minc atribuem por exemplo à "intensidade do consenso social" que eles consideram próprios à sociedade japonesa os sucessos que este país obtém em matéria de informática (*op. cit.*, 4). Escrevem eles em sua conclusão: "A sociedade à qual ela [a dinâmica de uma informatização social extensa] conduz é frágil: construída para favorecer a elaboração, de um consenso, supõe sua existência e bloqueia-se, se não consegue adquiri-lo" (*op. cit.*, 125). Y. Stourdzé, *art. cit.*, insiste sobre o fato de que a tendência atual a desregular, desestabilizar e enfraquecer as administrações, nutre-se da perda de confiança da sociedade na eficiência do Estado.

3. No sentido de Kuhn, *op. cit.*

4. Pomian, *art. cit.*, mostra que esta espécie de funcionamento (por catástrofe) não provém de modo algum da dialética hegeliana.

5. "A legitimação das decisões implica fundamentalmente um processo afetivo de aprendizagem que seja livre de toda perturbação. É um aspecto da questão geral: Como as aspirações mudam, como o subsistema político e administrativo pode reestruturar as aspirações da sociedade graças às decisões, quando ele mesmo não é senão um subsistema? Este segmento não terá uma ação eficaz, a não ser se for capaz de construir novas aspirações nos outros sistemas existentes, quer se trate de pessoas ou de sistema sociais." (*Legitimation durch Verfahren, loc. cit.*, 35).

6. Encontra-se uma articulação desta hipótese nos estudos mais antigos de D. Reinman. *The Lonely Crowd*, Cambridge (Mass.), Yale U.P., 1950, t.f. *La foule solitaire*, Arthaud, 1964; de W. H. Whyte, *The Organization Man*. N.Y., Simon & Schuster, 1956, t.f. *L'homme de l'organisation*. Plon, 1959;

de Marcuse, *One Dimensional Man*, Boston. Beacon. 1966. t.f. Wittig, *L'homme unidimensionel*, Minuit, 1968.

7. J. Rey-Debove (*op. cit.*, 228 sq.) nota a multiplicação dos vestígios de discurso indireto ou de conotação autonímica na língua cotidiana contemporânea. Ora, lembra ele, "o discurso indireto não é confiável".

8. Ora, como diz G. Canguilhem, "o homem não é verdadeiramente são a não ser quando é capaz de muitas normas, quando é mais que normal" ("Le normal et le patologique" [1951], *La connaissance de la vie*, Hachette, 1952, 210).

9. E. E. David (*art. cit.*) nota que a sociedade não pode saber senão das necessidades que experimenta no estado atual de seu meio tecnológico. É próprio da ciência fundamental descobrir propriedades desconhecidas que vão remodelar o meio técnico e criar necessidades imprevisíveis. Ele cita a utilização do material sólido como amplificador e o desenvolvimento da física dos sólidos. A crítica desta "regulamentação negativa" das interações sociais e das necessidades pelo objeto técnico contemporâneo é feita por R. Jaulin, "Le mythe technologique", *Revue de l'entreprise* 26 (n. spécial "L'ethnotechnologie", março 1979), 49-55. O autor cita A. G. Haudricourt, "La technologie culturelle, essai de méthodologie", in B. Gille, *Histoire des techniques*, *loc. cit.*

10. Medawar (*op. cit.*, 151-152) opõe o estilo escrito e o estilo oral dos cientistas. O primeiro deve ser "indutivo" sob pena de não ser levado em consideração; do segundo, ele relaciona uma lista de expressões correntemente entendidas nos laboratórios, como: *My results don't make a story yet*. E conclui: "Scientists are building explanatory structures, *telling stories* (...)".

11. Para um exemplo célebre, ver L. S. Feuer, *The Conflit of Generations* (1969), t.f. Alexandre, *Einstein et le conflit des générations*, Bruxelas, Complexe, 1979. Como sublinha Moscovici no seu prefácio à tradução francesa, "a Relatividade nasceu numa 'academia' nada acadêmica, formada por amigos dos quais nenhum era físico, mas apenas engenheiros e filósofos amadores".

12. É o paradoxo de Orwell. O burocrata fala: "Nós não nos contentamos com uma obediência negativa, nem mesmo com a mais abjeta submissão. Quando finalmente vocês se renderem a nós, isto deve ser resultado de sua própria vontade." (*1984*, N.Y., Harcourt & Brace, 1949; t.f. Gallimard, 1950, 368.) O paradoxo se exprimirá em jogo de linguagem por um: *Seja livre*, ou ainda, *Queira o que você quer*. Ele é analisado por Watzlawick *et al.*, *op. cit.*, 203-207. Ver sobre estes paradoxos J. M. Salanskis, "Geneses 'actuelles' et genèses 'sérielles' de l'inconsistant et de l'hétérogène", *Critique* 379 (dezembro, 1978), 1155-1173.

13. Ver a descrição das tensões que não deixará de criar a informatização de massa na sociedade francesa segundo Nora e Mine (*op. cit.* Apresentação).

14. Ver p. 132, nota 18. Cf. em Watzlawick *et al.*, *op. cit.*, 117-448, a discussão dos sistemas abertos. O conceito de sistemático aberto constitui o objeto de um estudo de J. M. Salanskis, *Le systématique ouvert*, 1978.

15. Após a separação da Igreja e do Estado, Feyerabend (*op. cit.*) reclama no mesmo espírito "leigo", a da ciência e do Estado. Mas e a da Ciência e do Dinheiro?

16. É pelo menos uma das maneiras de compreender este termo que pertence à problemática de O. Ducrot, *op. cit.*

17. *Raison et légitimité, loc. cit., passim*, sobretudo 23-24: "A linguagem funciona como um transformador: [...] os conhecimentos pessoais transformam-se em enunciados, as necessidades e os sentimentos em expectativas normativas (comandos ou valores). Esta transformação estabelece a diferença importante que separa a subjetividade da intenção, do querer, do prazer e da dor, de um lado, e as expressões e as normas que não têm uma *pretensão à universalidade*, por outro lado. Universalidade quer dizer objetividade do conhecimento e legitimidade das normas em vigor. Esta objetividade e esta legitimidade asseguram a comunidade (*Gemeinsamkeit*) essencial à constituição do mundo vivido social." Vê-se que a problemática circunscrita desta maneira, bloqueando a questão da legitimidade sobre um tipo de resposta, a universalidade, de um lado pressupõe a identidade

das legitimações para o sujeito do conhecimento e para o sujeito da ação, contrariamente à crítica kantiana que dissociava a universalidade conceitual, apropriada ao primeiro, da universalidade ideal (a "natureza suprassensível") que serve de horizonte ao segundo; e, por outro lado, ela mantém o consenso (*Gemeinschaft*) como único horizonte possível à vida da humanidade.

18. *Ibid.*, 22, e nota do tradutor. A subordinação dos metaprescritivos da prescrição, isto é, da normalização das leis, ao *Diskurs*, é explícita, por exemplo, 146: "A pretensão normativa à validade é ela mesma cognitiva no sentido de que ela supõe sempre que ela poderia ser admitida numa discussão racional."

19. G. Kortian, in *Métacritique*, Minuit, 1979, Parte V, faz o exame crítico deste aspecto *aufklärer* do pensamento de Habermas. Ver também do mesmo autor, "Le discours philosophique et son objet". *Critique*, 1979.

20. Ver J. Poulain, *art. cit.*, nota 28; e, para uma discussão mais geral da pragmática de Searle e de Gehlen, J. Poulain, "Pragmatique de la parole et pragmatique de la vie", *PhiZéro*, 7,1 (setembro 1978), Université de Montréal, 5-50.

21. Ver Tricot *et al.*, *Informatique et libertés*, Rapport au gouvernement, La Documentation française, 1975. L. Joinet, "Les 'pièges liberticides' de l'informatique", *Le Monde diplomatique* 300 (março 1979): estas armadilhas são "a aplicação da técnica dos 'perfis sociais' à gestão de massa das populações; a lógica de segurança que produz a automatização da sociedade". Ver também os dossiês e as análises reunidas em *Interférences* 1 e 2 (inverno 1974, printemps 1975), cujo tema é a formação de redes populares de comunicação multimédia: sobre os radioamadores (e notadamente sobre o seu papel em Quebec, por ocasião do *affaire* do F.L.O. em outubro de 1970, e do "Front commun" em maio de 1972); sobre as rádios comunitárias nos Estados Unidos e no Canadá; sobre o impacto da informática nas condições do trabalho redacional na imprensa; sobre as rádios-piratas (antes do seu desenvolvimento na Itália); sobre os fichários

administrativos, sobre o monopólio IBM, sobre a sabotagem informática. A municipalidade de Yverdon (Cantão de Vaud), após ter votado a compra de um computador (operacional, em 1981), estabeleceu um certo número de regras: competência exclusiva do conselho municipal para decidir que dados são coletados, a quem e sob que condições eles são comunicados; acessibilidade de todos os dados a todo cidadão sobre sua solicitação (contra pagamento); direito de todo cidadão de tomar conhecimento dos dados de sua ficha (cinco centenas), de corrigi-las, de formular a seu respeito uma reclamação ao conselho municipal e eventualmente ao Conselho do Estado; direito de todo cidadão de saber (a pedido) que dados a seu respeito são comunicados, e a quem (*La semaine media* 18, 1 março 1979, 9).

Posfácio
A explosiva exteriorização do saber*

Silviano Santiago**

Tem sido pouco salientado, no debate sobre a pós-modernidade, o fato de o livro de Jean-François Lyotard, *A condição pós-moderna*, ser um "escrito de circunstância". Trata-se do resultado de uma encomenda que lhe foi feita pelo Conselho das Universidades junto ao governo do Quebec. Antes, portanto, de ser produto de um encadeamento orgânico e lógico que daria continuidade a preocupações da produção teórica anterior do autor, *A condição pós-moderna* trilha o caminho inaugurado por De Gaulle quando deu vivas ao Quebec livre: é a resposta dada por um europeu a franco-canadenses para enfrentar o impacto da modernização ocidental a partir do modelo nipo-americano. Este vai nos conduzindo a uma nova era histórica que se convencionou chamar de pós-industrial. A reflexão de Lyotard sobre a nova era, antes de ser resposta a uma pergunta subjetiva, é parte de um cálculo de lucros-e-perdas feito por uma economia regional atrasada. Essa nossa constatação, por sua vez "circunstancial" com relação ao específico das teses de Lyotard, nos leva a algumas ponderações que julgamos oportunas.

---

* Artigo publicado no *Jornal do Brasil*, Caderno Ideias/Livros, de 30 de junho de 1990.

** Escritor e crítico.

A primeira diria que *A condição pós-moderna* circunscreve Canadá e França como periféricos com relação ao estágio avançado em que se encontra o núcleo desenvolvido do Primeiro Mundo. O livro talvez seja a resposta mais inteligente à pergunta feita de maneira grosseira pelo jornalista Servan-Schreiber, em *O desafio norte-americano*. Em segundo lugar, percebe-se que, por uma encomenda, Lyotard é retirado do seu *lugar político* original — os acontecimentos de maio de 1968 — e posto de supetão diante de um necessário e indispensável processo de atualização das instituições. Trata-se de um relatório de estudos, cujo resultado visa a aprimorar o quadro universitário e os laboratórios de pesquisa canadenses. Finalmente, e aqui entramos propriamente no nosso assunto de hoje, Lyotard acredita ser justo aconselhar que o *processo de abordagem* da modernização pós-industrial seja feito pelo viés técnico-científico. O acesso à nova Revolução Industrial está na aquisição de um *saber*, que é vendido ou negado pelos países avançados aos consumidores periféricos, quando não lhes é simplesmente escamoteado ou sonegado. As sociedades periféricas só terão pleno acesso a ele se os respectivos governos ou as empresas nacionais delegarem às suas instituições de saber, ao alocar-lhes fundos generosos, a indispensável tarefa de aprimoramento de um corpo de pesquisadores e de docentes de altíssimo nível. A pesquisa de ponta é o alicerce indispensável para que se afirme o poder econômico na competitiva era pós-industrial.

Unindo estas três ponderações, está uma outra frase da introdução ao livro, que diz ter sido ele escrito no momento muito pós--moderno, em que a Universidade de Vincennes desaparece. Em Paris, o *campus* de Vincennes, desde os anos 1970, foi o baluarte da imaginação no poder à chinesa, lugar por excelência da revolta cultural maoista contra o império esclerosado da Sorbonne. Na homenagem póstuma ao santuário da emancipação humana, lê-se que a almejada transformação social se fará de maneira lenta e gradual, pelo aperfeiçoamento das instituições, com vistas a uma sociedade plural e democrática, mas ao mesmo tempo eficiente. Modernização e democracia se tornam o casal vinte dos anos 1980, assim como revolução cultural e guerrilha o foram dos anos 1960. Se, naqueles anos, o poder era o mal e o acesso ao lugar dele significava a mais terrível das traições, nos nossos dias, o poder é o cimento de uma possível melhoria tecnológica, vale dizer: uma possível melhoria econômica e social dos cidadãos. O estado do bem-estar social (*welfare state*) joga para escanteio a insatisfação radical que existe por trás do desejo utópico. Nas sociedades avançadas, o seguro-desemprego garante o silêncio conivente, alimentando com desocupados os clubes noturnos e os estádios de futebol.

Dentro dessa perspectiva, não é novidade que Lyotard tenha imaginado entrar na análise da sociedade pós-industrial pelo viés da informática. Antes de abordar o problema que nos interessa, o do estatuto do saber na era pós-industrial, tracemos o quadro geral da pós-modernidade pintado por Lyotard, deixando no entanto a discussão do quadro geral para melhor e mais oportuna ocasião. Fiquemos, hoje, apenas com a descrição sumária da complexa e ambiciosa tese que Lyotard levanta.

Para ele, a condição pós-moderna se inaugura pela atual "incredulidade" em relação aos metarrelatos, ou seja, essa espécie de "desencanto" (a palavra é do cientista político Norbert Lechner) com os grandes discursos produzidos no século XIX e explicadores da condição histórica do Homem ocidental, nos seus aspectos econômicos, sociais e culturais. Os metarrelatos foram responsáveis pela constituição — nos tempos modernos — de grandes atores, grandes heróis, grandes perigos, grandes périplos e, principalmente, do grande objetivo sociopolítico e econômico, trazendo uma impossível, mas almejada grandiosidade para um mundo que mais e mais se dava como burguês e capitalista, baixo e decadente. Eles tiveram como ponto de partida o ideal libertário da Revolução Francesa, e como fundamento, os princípios da razão iluminista. Ainda de maneira simplificada, digamos que aquela é equacionada ao autoritarismo, responsável por sua vez por inúmeras ditaduras de variado colorido, e está à vontade de compreender o processo social na sua totalidade, deixando que a violência homogeneizadora passe o rolo compressor no que é diferente e, por isto, heterogêneo, vale dizer, no que é plural.

Aos olhos revolucionários, a pós-modernidade é reformista. Aos olhos iluministas ela é uma freguesa contumaz, ou seja, mais uma rebelião anárquica da irracionalidade. Aos olhos verdadeiramente modernos, ela é apenas modernizadora. Porém, aos seus próprios olhos, a pós-modernidade é antitotalitária, isto é, democraticamente fragmentada, e serve para afiar a nossa inteligência para o que é heterogêneo, marginal, marginalizado, cotidiano, a fim de que a razão histórica ali enxergue novos objetos de estudo. Perde-se a grandiosidade, ganha-se a tolerância. Em lugar do dever histórico do Homem, tem-se a integração plena do cidadão em comunidades. E é a estas "placas" (a palavra é de Lyotard) de sociabilidade que se dirige o olhar pós-moderno, buscando compreendê-las ao mesmo tempo na sua autenticidade e na sua precariedade.

A grande questão para Lyotard é a de saber como, descartados os metarrelatos legitimadores do bom, do justo e do verdadeiro, constituir formas de legitimação da nova ordem mundial. Essa questão — cuja resposta é apenas sugerida — se torna mais urgente porque a sociedade pós-industrial, ao mesmo tempo que democrática e tolerante, marcha dentro da discutível "lógica do melhor desempenho". Essa lógica é a principal responsabilidade de uma nova classe dirigente, a dos "decisores" (dirigentes de empresas, altos funcionários, dirigentes de grandes órgãos profissionais, sindicais, políticos, confessionais).

A lógica do melhor desempenho, quando usada sem discernimento, inaugura uma nova forma de "terror", o terror tecnocrata implantado pelos "decisores", aliás, recentemente acolhido entre nós e imediatamente transplantado para Brasília: "Sede operatórios, isto é, comensuráveis, ou desaparecei." A questão da legitimação do saber científico é ainda importante porque, desde os anos 1960, os pesquisadores passam por um "processo de desmoralização" na medida em que questionados pelos movimentos preservacionistas.

Apesar de fascinante, deixemos de lado a discussão da tese fundamental de Lyotard e a dos seus critérios, e adentremo-nos agora pela vereda do grande sertão da informática: o estatuto do saber na sociedade pós-industrial.

A hipótese fundamental de Lyotard diz que o estatuto do saber mudou a partir dos anos 1950-60. Anteriormente, ele deveria fazer parte da formação (*Bildung*) espiritual de todo e qualquer indivíduo para que chegasse à condição de cidadão participante. Para isso, o indivíduo tinha de se entregar, desde a mais tenra idade, a um lento e gradativo processo de *interiorização* do saber, tanto de um saber universal e multidisciplinar básico, quanto de um saber disciplinar e superior. A escola e os professores, donos de uma informação completa do saber, eram os principais responsáveis por esse trabalho junto aos alunos, que, por definição, tinham informações incompletas. O desnível justificava a autoridade do professor e a obediência do discípulo.

Em literatura, a dramatização desse processo foi responsável por um dos mais ricos subgêneros da ficção: o romance de formação (*Bildungsroman*) ou, de maneira mais específica, o romance de artista (*Kunstlerroman*). Os mestres incontestáveis são Goethe, com *Wilhelm Meister*, e Flaubert, com *Educação sentimental. Um artista aprendiz*, de Autran Dourado, seria exemplo recente do subgênero entre nós. O romance de formação, em geral autobiográfico, narra a *experiência* de um indivíduo até o final da adolescência. Mostra como ele se torna consciente de si, ao mesmo tempo que relata o mundo objetivo fora da sua consciência subjetiva.

O saber tinha então, para usar a terminologia marxista, um "valor de uso".

Nos países avançados, com a proliferação de magníficas bibliotecas públicas e universitárias, com a diversidade infinita de laboratórios de pesquisa com memória científica específica, com a multiplicação de museus cada vez mais especializados, com o surgimento dos mais variados tipos de arquivos públicos, e com a consequente informatização de todas essas instituições, o saber passa mais e mais a viver a condição de uma "explosiva exteriorização". Ele é tanto mais e mais abundante quanto é mais e mais acessível. A escola já não pode mais exigir uma absurda *interiorização* dele por parte do aluno, mesmo porque professor e aluno, em condições ideais, trabalham com informação completa. Não há desnível entre os dois em quantidade de informação. Há desnível no modo como utilizar a informação. Observa Lyotard que a pedagogia na sociedade pós-moderna não desaparece, mudam-se os seus métodos. Ensinam-se não os conteúdos, mas o uso dos terminais. Ensina-se um "manejo mais refinado deste jogo de linguagem que é a pergunta: onde endereçar a questão, isto é, qual é a memória pertinente para o que se quer saber?"

O saber perde então a sua condição de "valor de uso" e passa a ser avaliado como algo que existe para ser vendido e que também existe para ser consumido com vistas a uma nova produção. Fornecedores e usuários do conhecimento passam a ter uma relação com o saber como "valor de troca". O seu valor é determinado por uma realidade extrínseca a ele; ele é, segundo a definição clássica, a expressão do trabalho humano socialmente necessário para produzi-lo. Pode concluir Lyotard que, nos últimos decênios, o saber tornou-se a principal força de produção. Tanto a busca do saber (pesquisa) quanto a transmissão do saber (pedagogia) fundam a circulação do capital na sociedade pós-moderna. O saber não está desvinculado da questão maior do poder econômico e político, em suma, ele é a moeda que define na cena internacional os jogos de hegemonia (entre as nações, entre as empresas multinacionais).

Os créditos para a pesquisa são o alicerce para os laboratórios dentro de uma perspectiva de crescimento e importância que é legitimada pelo melhor desempenho. Nesse sentido, pesquisa, transmissão do saber e empresa pós-industrial se encontram intimamente ligadas. Diversas universidades funcionam em estreita colaboração com parques industriais que lhes são vizinhos, como é o caso sempre citado da Universidade de Stanford, na Califórnia. E continua Lyotard:

> Mas o capitalismo vem trazer sua solução ao problema científico do crédito à pesquisa: diretamente financiando os departamentos de pesquisas nas empresas, onde os imperativos de desempenho e de recomercialização orientam com prioridade os estudos voltados para as aplicações; indiretamente, pela criação de fundações de pesquisa privadas, estatais ou mistas, que concedem créditos sobre programas a departamentos universitários, laboratórios, sem esperar do resultado dos seus trabalhos um lucro imediato, mas erigindo em princípio

que é preciso financiar pesquisas a fundo perdido durante um certo tempo para aumentar as chances de se obter uma inovação decisiva e, portanto, muito rentável.

Lyotard conclui de maneira premonitória que o saber na sociedade pós-industrial passa a ser o principal ponto de estrangulamento para o desenvolvimento dos países periféricos. Daí se pode supor, ao contrário do que é voz corrente entre nós, que a distância entre os países desenvolvidos e os países em vias de desenvolvimento tende a se alargar mais e mais no futuro. Falar hoje de uma única economia planetária não deixa de ser um modo pouco discreto de legitimar formas múltiplas e até então insuspeitadas de injustiça. Acreditar também que o saber circula em transparência quando movido pelo capital internacional é truísmo desprezível.

Dentro dessa perspectiva é que não é de todo impensável, para os países periféricos com sólido governo democrático, uma política *estratégica* que se ancora no recurso à "reserva de mercado". O dilema hoje para países como o Brasil, cuja tradição aponta para a dança com os países do Primeiro Mundo, pode pragmaticamente ser apresentado aos seus cidadãos da seguinte forma: (a) ou entramos no movimento do capital internacional como nação e passamos a ser pseudomodernos e eternos consumidores, vale dizer, eternamente periféricos; (b) ou corremos o risco de inverter as coisas, assumindo a possibilidade de um desenvolvimento da pesquisa e da transmissão do saber numa espécie de redoma artificial, cujas leis de funcionamento sejam constantemente (insisto no advérbio) avaliadas e modificadas, com vistas a uma melhor adaptabilidade do ar artificial da redoma ao meio ambiente avançado.

A primeira opção é a de mais fácil execução, pois depende apenas da boa disposição privatizante do governo federal, auxiliado por eficiente campanha publicitária que mascara as perdas em conquistas. O governo da nação age como mero árbitro (caso não seja corrupto) no processo de rápida modernização pela injeção de "aplicações do saber" vindas de fora sob a forma de mercadorias acabadas ou semiacabadas, dependendo do nível de saber estrangeiro que se quer tornar público. A segunda opção não depende apenas de um governo central e, por isso, é de execução difícil e até quase impossível em país como o nosso no seu estágio político atual.

Para que não seja mero arremedo de um nacionalismo ultrapassado, lembraria os anos 1950 cujo *slogan* era o "Yankee, go home", para que não se repita o modelo isebiano do período JK, quando se favorecia apenas a grande empresa (particular ou do Estado), para que seja rentável hoje, é preciso que da decisão participe toda a sociedade, dando por terminadas duas dicotomias internas que nos têm sido muito prejudiciais. A primeira se consolida no fato de que existe uma pesquisa técnico-científica militar avançada cujo conteúdo é secreto para a pesquisa civil. A segunda, a que relega a segundo plano as ciências humanas e sociais, deixando as ciências exatas serem solitariamente hegemônicas. O modelo de desenvolvimento realista, ou seja, o que é dado pela maturação periférica (artificial e tardia, mas sólida) do progresso nos países avançados, só encontra um legítimo critério de avaliação nas questões abertas pelas pesquisas vivas, porque também "ricas", feitas no campo das ciências humanas e sociais. Elas é que podem, ou não, legitimar o saber que foi, em primeira instância, acatado pelas ciências exatas dentro da lógica do melhor desempenho. É pela reflexão dos outros cientistas que se avaliam o progresso na nova ordem internacional e a justiça na "compra" do trabalho humano na sociedade pós-industrial.

O livro de Jean-François Lyotard existe para que avaliemos até que ponto é justo e verdadeiro o seguinte enunciado: "Não se compram cientistas, técnicos e aparelhos para saber a verdade, mas para aumentar o poder."

Este livro foi composto na tipologia Minion Pro,
em corpo 11,5/16, e impresso em papel off-white,
no Sistema Digital Instant Duplex da
Divisão Gráfica da Distribuidora Record.